我为什么上大学

30位院士高考回忆录

新京报社 编著

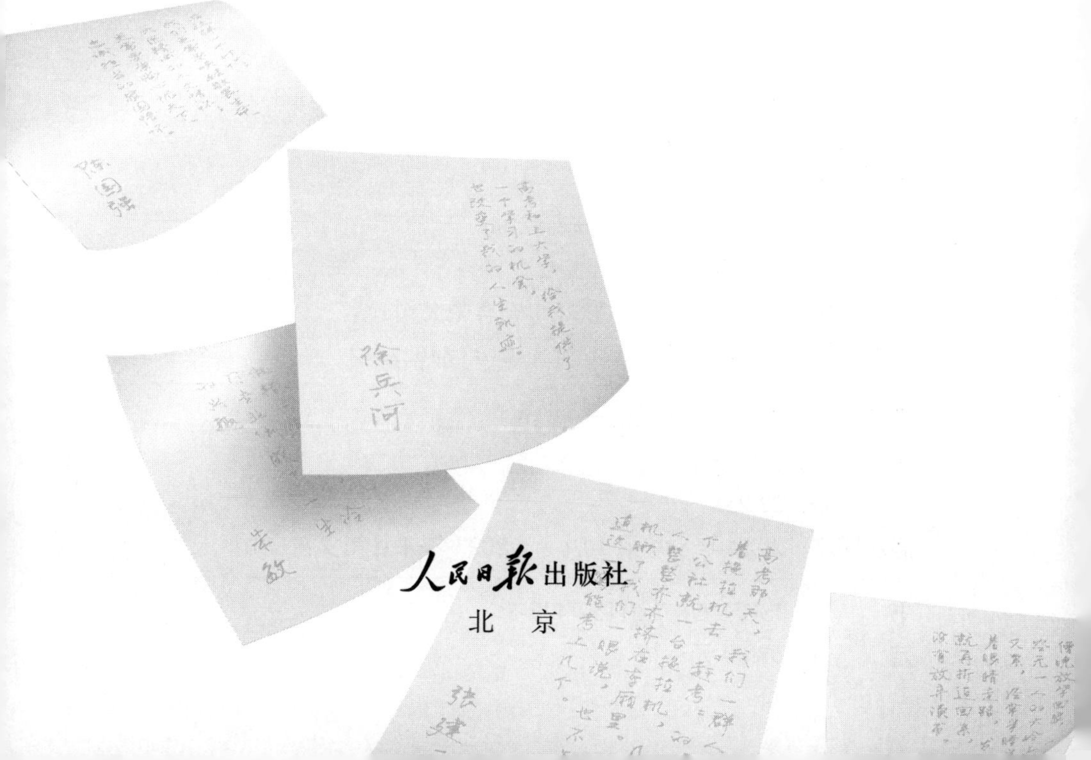

人民日报出版社

北　京

图书在版编目（CIP）数据

我为什么上大学 ：30 位院士高考回忆录 / 新京报社编著 . — 北京：人民日报出版社，2022. 8

ISBN 978-7-5115-7427-5

Ⅰ. ①我… Ⅱ. ①新… Ⅲ. ①院士－回忆录－中国－现代 Ⅳ. ① K826.1

中国版本图书馆 CIP 数据核字（2022）第 140547 号

书　　名：我为什么上大学：30 位院士高考回忆录

WO WEISHENME SHANG DAXUE: 30 WEI YUANSHI GAOKAO HUIYILU

编　　著：新京报社

出 版 人：刘华新

责任编辑：林　薇　陈　佳

封面设计：观止堂 _ 未氓

出版发行：人民日报出版社

社　　址：北京金台西路 2 号

邮政编码：100733

发行热线：(010) 65369509　65369527　65369846　65363528

邮购热线：(010) 65369530　65363527

编辑热线：(010) 65363486

网　　址：www.peopledailypress.com

经　　销：新华书店

印　　刷：大厂回族自治县彩虹印刷有限公司

法律顾问：北京科宇律师事务所　(010) 83622312

开　　本：710mm×1000mm　1/16

字　　数：270 千字

印　　张：22.25

版次印次：2022 年 8 月第 1 版　　2023 年 4 月第 2 次印刷

书　　号：ISBN 978-7-5115-7427-5

定　　价：58.00 元

看似寻常最奇崛，成如容易却艰辛

——王安石

编委会

序

Preface

今天，为什么要聆听院士们的高考故事？

在大多数人的眼里，院士是潜心研究的科学家、是望尘莫及的“顶级学霸”、是倾尽一生栽种科学之树的植树人。院士离我们很远吗？不，他们其实离我们很近。他们身上折射出的昂扬向上的奋斗精神，已然在影响着一代又一代青年人茁壮成长。

每年 6 月，莘莘学子如期踏入高考考场，开始人生中一场重要的角逐。高考，对于每一个过来人而言，都有说不完道不尽的故事。院士们曾经历的不同年代的高考，当然也更值得回味。

把目光回溯至三四十年前，甚至高考刚刚恢复之时，更可看见，艰苦岁月之下，当年那些年轻学子高考之路的不同寻常。他们在个人命运的幽微时刻，展示出不屈的人生斗志，爆发出强大的精神力量，成就了人生的辉煌一刻。这些优秀学子，不少人至今仍活跃在社会各条战线，有些堪为中流砥柱、行业翘楚。有些人更是成为国家的“最强大脑”，他们就是——中国科学院院士、中国工程院院士。

2021 年 6 月高考前夕，新京报策划推出《奋斗之歌——16 位院士高考回忆录》；2022 年 6 月高考前夕，新京报再次推出《奋斗之歌 2——18 位院士高考回忆录》。通过院士们高考经历、人生故事的分享，回顾他们那场重要的“人生大考”，聆听他们不同凡响的经历，感受他们瑰丽奇崛的人生和恒久不变的奋斗精神，表达对过去的敬意和对未来的向往。

受访的 30 位院士，是广大优秀知识分子的代表，是在各自领域做出特别贡献的“达人”，更是历经了人生酸甜苦辣的强者并通过高考“用知识改变命运”的典型。他们有的来自江南，有的来自塞北，有的来自西南边陲，有的来自偏远乡村生计艰难的贫困家庭。有人曾饿着肚子赶考，有人曾抱着破棉被去上课，有人为了高考露宿街头。但最终，他们通过高考，踏上了另一条完全不同的人生道路，开启了对个人甚至对家庭、国家都意义非凡的人生。

什么是成功？成功就是可以含笑讲起人生中最悲苦的事情。在这些院士对过往苦难的讲述中，让人体会出一种与命运抗争的顽强与悲壮。他们曾经打过的那些美好的“仗”，足以荣耀一生，足以为后来的学子列出用岁月和辛勤熬炼出来的宝贵人生秘方，足以照亮更多人的生命之光。

在连续两年策划推出《奋斗之歌——院士高考回忆录》报道的基础上，新京报社联合人民日报出版社，精心策划推出《我为什么上大学——30 位院士高考回忆录》一书，旨在让更多学子“近距离”聆听院士们的高考故事，聆听院士们的奋斗心曲，这既是致敬前辈，也为鼓励年轻学子步履踏实地走进人生考场，奋力挥洒笔墨，写下无悔青春。

《我为什么上大学——30 位院士高考回忆录》一书，由院士小传、对话以及记者手记构成，院士的独家“内幕”则赋予这本书更多“彩蛋”，展现出一个个鸿儒硕彦的博大风采与高贵人格。从字里行间可以领略到，这些饱读诗书、业绩卓著的大家学者曾经如何激扬奋斗、绽放青春，如何在艰苦条件下始终保持乐观心态与前行姿势。

院士们的高考经历告诉我们：一代人有一代人的人生，一代人有一代人的奋斗，没有谁是容易的。眼前的困难与挫折，不过是生活一时的考验。登高自卑，行远自迩，穿越眼前的荆棘，人生必将豁然开朗。

揆诸当下，“高考不是改变命运的唯一通道”，青年一代有了更多元的成才通道与更宽阔的成长平台。然而，于挑战中奋起，在逆境中前行，是所有的人生应该具有的态度。这也是“院士高考回忆录”给我们的答案。《我为什么上大学——30位院士高考回忆录》，对每一位学子、每一位青年都有着启迪意义，以此躬身自照，当砥砺精神、策马扬鞭、勇敢前行。

新京报社党委书记、社长 宋甘澍

目录

Contents

杨士莪：

一颗普通种子，在大学找到了肥沃土壤

不要过于紧张的面对高考，相信自己的知识基础，相信人生的道路宽广。

杨士莪

他的名字“莪”出自《诗经·小雅》——莪是一种生长在水边的多年生草本植物，生命力顽强。诗以“莪”之茂盛，意指人才的成长。大概是命中注定，杨士莪毕生研究的领域的确与“水”密不可分。他是中国水声科学的奠基人之一，是中国著名的机械与运载工程专家，为中国水声学科建设、决策做出了突出贡献。

1950年，在爱国热情驱动下，杨士莪提前离开清华大学物理系，到大连第一海军学校任教，两年后，国家抽调教员，筹建中国人民解放军军事工程学院（即“哈军工”），杨士莪名列其中。1956年，他得到了去苏联进修的机会，水声科学从此走进他的学术生命。20世纪60年代初，杨士莪重返哈军工的讲台，时值国内掀起“水声热”，水声教育正处于摸索阶段，“我们既然要干这个就得干好，要干好，涉及的知识领域就要宽。”他拓展已有的声呐专业，创建了中国首个理工结合、覆盖全面的水声专业。作为战略科学家，人们总是钦佩他对学科发展方向、研究方向的前瞻性判断，他提出的一些开拓性研究，往往在若干年后才显示出其分量。

有人评价称，如果把杨士莪放进历史的坐标系中，他对今天的贡献之一，就在于在他的倡导和包括他在内的哈军工海军工程系师生的共同努力下，中国水声教育的新局面由此被别开生面地开创出来。他们开辟了中国水声专业新的专业化领域，也翻开了中国水声专业人才培养的新篇章。

杨士莪用人生的60余年忠于一项事业，克服重重困难，一直奋战在教学和科研一线，他总是用行动告诉学生，“要想取得任何成果，你就必须有坚韧不拔的毅力”。

如今，被称为“90后”院士的杨士莪已经退休，却还在坚持给研究生上课。谈及自己的大学时光，90岁的杨士莪说：“我只是一颗普普通通的种子，不过是在大学时遇到一些好老师、好同学，就像找到了肥沃的土壤。”

讲述

谈求学：饿肚子上学，校园里被炸出弹坑

新京报：您什么时候开始上学？

杨士莪：1936年我5岁，开始上小学，1937年抗战爆发后，我跟着父母辗转去了河南和重庆，初一的时候我考进重庆南开中学，一直上到高二。高三那年转到了南京国立中央大学附属中学（现南京师范大学附属中学）。

新京报：战争年代，父母支持您的学业吗？

杨士莪：我父亲是清华留美预备学校的，是留美大学生。他要求家里5个孩子好好学习。那时家里经济压力挺大的，生活节俭、养鸡种菜，但父亲从来没有不让我们上学。暑假的时候，父母还请了一个马来西亚留学生教我们英语。

新京报：您的成绩怎么样？当时的学校环境怎么样？

杨士莪：在班里排在三分之一左右。我是比较贪玩的，有时候不看正经书，就看小说和文学历史。南开中学有1000多个学生，都住校。有三栋两层楼的宿舍，每层用半高的墙隔出一些小房间，一间住4个人。那时候是男女分校，身边都是小男孩，一天到晚摔

跤打架。我身体不好，年龄又小，打不过人家。高三那年，我还爱去南京玄武湖划船。

每天的菜就是盐水煮蚕豆、豌豆或空心菜，没有肉、没有油，偶尔能有一碗豆腐就很不错了。吃饭的时候得抢，有个窍门是，第一碗不能盛太满，要不然吃得慢就盛不到第二碗了。我们也没钱买零食，只能等周末回家吃点儿肉丝，然后用罐子带点“私菜”回学校，8 个人坐一桌，大家一起吃。

新京报：战争对校园生活有影响吗?

杨士莪：在重庆上学时，我们学校被炸过，校园里有个炸弹坑。暑假后开学的时候我们发现了这个坑，深有一米，半径两三米，我还从坑里捡出炸弹皮敲着玩儿。

放假在家时，有一次看到日本飞机飞过来，在头顶上扔炸弹。我们家有防空洞，有人会躲进去。我们小孩不懂战争的概念，也不觉得害怕，就在外头看。

谈高考：考大学不是唯一的出路

新京报：您是怎么参加高考的?

杨士莪：我考大学是 1947 年，7 月初，我报考了上海交通大学，后来又去考了当时的国立中央大学和清华大学。都是夏天考的，每场考试之间隔了十来天。

新京报：考试过程是怎么样的?

杨士莪：当时清华大学在南京租了个空房子当考场，考了语文、数学、英语、物理还有化学。我们考了两天，一人一个位子，用铅笔和钢笔答题，考试形式和现在的高考差不多。

最后我考上了清华物理系，做完考卷我就预料到了这个结果。清华在报纸上刊登了录取名单，又寄给我录取通知书。

新京报：您怎么看待高考？

杨士莪：学习总归是有用的，但考大学不是唯一的出路。考上了挺好，考不上也不见得没出息，要平常心对待。

上大学要学三件事，做人、做事，最后是学知识。我后来做教授时常跟学生说，再有名的教授，也不能教给你 10 年、20 年以后的新科技和知识，要靠自己的学习意志和创新能力。

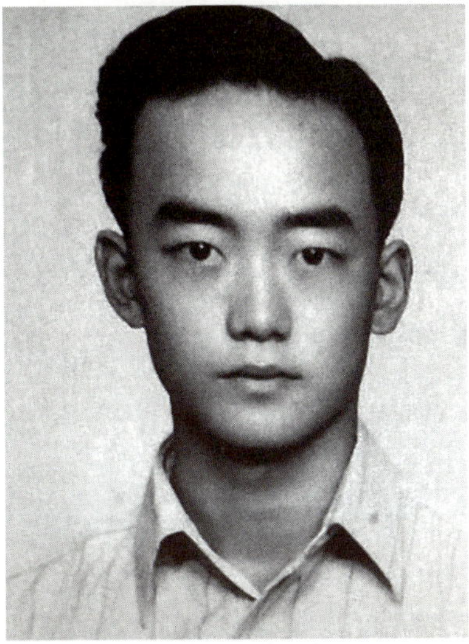

大学时期的杨士莪。

谈大学：和舍友凑钱买书，宿舍四人里三个是院士

新京报：去大学报到时准备了些什么？大学课堂是什么样的？

杨士莪：我从上海坐一天船到天津，然后再坐火车去北京。行李很简单，一个铺盖卷，一个箱子，里面带点书和换洗衣裳。

我们学校实行选课制度，愿意上什么课就选什么课。学生和老师关系比较自然，我们喜欢课后去老师家里转，有时候讨论问题，有时就是单纯看望。我印象最深的是，有些老师不是只教你知识，还会教你学习的方法，这对我影响很大。

新京报：大学学业顺利吗？有哪些印象深刻的经历？

杨士莪：刚上了一个多月，迎来第一次期中考，题特别难，都是没有学过的题目。我就考了五十几分，没及格。当时有个说法是，如果班上有三分之二的学生不及格，这场考试就算成功了，意思就是给学生一个下马威。

清华物理系有个特点，头一年不承认你是物理系的学生。上完一年级，普通物理、高等数学等科目考 75 分以上才允许入系。我们入学的时候系里 50 多人，到了二年级就剩 30 多个了。

我所在的宿舍是个学霸宿舍，四个室友中，周光召、高伯龙和我三个人后来当选了院士。那时的大学生，有些年龄已经很大了，还有带着孩子的。当时大家都没钱，又想买书，室友周光召就和我合伙买，一人出一半的钱。那个时候吃穿都没什么好挑的，只有买书才舍得花钱。

新京报：那时候的大学生学习热情很高？

杨士莪：当时我们班统计过大家的学习时间。像我这种爱玩的，也经常在图书馆看书，一个礼拜大概学习 60 小时。周光召这种刻苦的，一个礼拜的学习时间都是 75 小时以上，每天都有 10 多个小时。

我不是同学中最厉害的，室友高伯龙老骂我“贪玩”，揪着我的后脖颈带我去图书馆。后来想想，如果不是大学遇到了这些好老师、好同学，我不就“出溜”了嘛。

大学期间，除了学习，我还学了弹钢琴，参加过歌咏队，业余时间到学校周围农村教小孩儿识字。

谈工作：88 岁还出海实验，要尽可能发挥余热

新京报：您毕业之后去哪里工作了？

杨士莪：20 世纪 50 年代初，正赶上国家要建立海军。大连海校到北京抽调年轻教师和高年级学生当教员。那时候我读大学四年级，学业还没读完，就和其他几个同学一起入了伍。临走的时候，我还和室友周光召一起，平分了之前合伙买的那几十本书。

1952 年，我到了哈军工（中国人民解放军军事工程学院，因校址在哈尔滨，通称哈尔滨军事工程学院）当老师。1957 年，到苏联科学院声学所进修。那里有 4 个研究室，其中两个对中国人是不开放的，一个是舰船噪声，一个是声呐，都涉及国防机密。当时我就知道，要干这东西就只能靠自己。

1959 年我回国，年底正式作为中方副队长参加了南海考察。1960 年，我在哈军工筹建水声专业，这是中国第一个、到现在也是中国唯一一个比较完整的水声专业。

新京报：有没有经历过比较艰苦的时候？

杨士莪：其实都还好。1994 年，我主导对南海的水声考察，天气热，也晕船。我就唱歌鼓励大家，安抚队员的情绪。在南沙群岛的时候，没有饮用水，船底的压载舱里有淡水，但上面漂着一层柴油，烧开了就照常喝。

新京报：您后来做了大学老师，有什么教育心得？

杨士莪：后来我在哈尔滨工程大学当老师，我喜欢在课堂上提

问，但是很少有学生回答，我讲对或讲错都没有学生提出不同意见。偶尔有发言的，不论他说得怎么样，我会积极鼓励。

我是喜欢提问的，要启发学生而不是灌输。我总是说，我只是一颗普普通通的种子，不过是上学期间遇到过一些好老师、好同学，就像找到了肥沃的土壤，所以就长出苗了。

新京报：退休之后您还在坚持工作？

杨士莪：2019 年我 88 岁时退休了，但是那一年我还在出海实验。我现在还会给研究生上课。就像我之前说的，人虽然退休了，但是为祖国做贡献的工作是不应该退休的。要尽可能地发挥余热，做到“夕阳虽落苍山后，犹映晚霞满天红”。

记者手记

贪玩的男孩如何成长为水声科技先驱

初见杨士莪院士，他在书房与我打招呼。书架盖满两面墙，中文的、英文的，陈旧的、崭新的，书多与水声、工程科技、信号相关，也有一些传记。院士怡然坐在书桌和书架之间，身着浅色衬衣、毛衫和夹克，头发有些稀疏，但看起来精神很好。

他的桌上还叠着学生交上来的几摞作业和论文。耄耋之年，杨院士仍坚守在科研一线。他毕生为国听海，曾创立我国最早的水声专业，为我国水下兵器装上"耳朵"和"眼睛"，筑牢"水下国门"，是位值得敬佩的人物。

聊了一会儿，我意外地感觉到，他似乎不符合人们对一位院士的想象——没那么严肃矜重、高高在上，总是饶有趣味地分享着，物资匮乏的年代，在学校里"抢"饭、吃饱肚子的小技巧，还有属于那个年纪的贪玩和调皮、总交不够数的作业、像小狗一样缠在一起撕咬的男孩子……讲到起劲儿的地方，笑声也格外爽朗。他有问必答，尽管已是90岁高龄，但许多事情他都记得清楚，语速不快，但金句频出——"清华也不见得难考""我也不反感上清华""我们一个宿舍四个人，三个是院士"。

读书期间，杨院士似乎一直保持着松弛洒脱的状态。他成长在书香门第，父亲是留美建筑师，也是中国科学院的院士，母亲是北京的师范生。良好的家庭教育给他打了基础，念中学的时候，他没想着怎么考第一，不喜欢的劳作课就少学一点，喜欢的语文课和数学课就多学点，课业之余喜欢读些小说、文学和历史。他在新中国成立前参加高考，来到清华。尽管杨院士总说自己"贪玩"，他每周的学习时间也有60小时。

大四的时候，因为感受到国家的需要，他报名参军，提前结束了学生时代，后来又成为哈军工的第一批教员。“国家需要什么，我就研究什么。”在我国水声科学研究较为薄弱的背景下，他依然勇敢地扎进去，“知道你国家受欺负，是因为你不行，你得自己想办法站起来，把国家发展起来。”

他有一颗科学救国的心，并为此耕耘，终成我国水声工程奠基人之一，年过花甲时，他依然出海实验。他总对大学时遇到的良师益友怀有感激，因此有了一颗教好青年学子的心，倾尽全力，为我国水声领域培养了大量人才。90 岁时，他依旧在给研究生上课、改作业。他曾说——

“我记得当年人家就问我，说‘你干水声能干多久’，我当年说至少能干到胡子白，但是现在看起来这么说不对，我们这一代干了，我们的子孙还得干。”

新京报记者：彭冲　编辑：李明　校对：李立军

汪懋华：

70 年前，奔走两天去“赶考”

脚踏实地，
淡泊名利，
勤奋求实，
开拓进取！

汪懋华

70 年前的 1951 年，汪懋华从广东省梅州专区兴宁县集体出发到广州参加全国高考招生统考，40 多个同学一路同行，先坐车，后坐船，300 多公里的路，他们走了两天。从此之后，他走出广东，走向更广阔的世界。70 年后，已经 89 岁的汪懋华，还想再去参加一次中学的校庆，那个当年他走出的母校，已经 115 周岁了。

1932 年，汪懋华出生于广东梅州一个贫苦的家庭。自幼进入当地的新式学校就读，一直到高中毕业。

1951 年，19 岁的汪懋华考入中国农业大学（当时为北京农业大学），开始了他和农业机械、农业现代化为伴的一生。

在本科就读期间，汪懋华曾响应国家号召，赴海南种植橡胶，同时学习农机理论知识，将实践和理论结合起来。

毕业后，汪懋华被学校选派到苏联留学，学习农业电气化的最新知识和技术，在那里，汪懋华师从苏联著名电力拖动与自动化学者纳扎洛夫院士，学习了近四年，“实实在在读了点儿书”。

1962 年，汪懋华学成归国执教，负责我国农业高等院校中第一个自动化实验室的建设。同时，不断赴农村实践和调研，了解农民的真实需求，为我国自己的农机研发搜集素材。基于深厚的时间积累和长期的研发，汪懋华和他的团队完成了“拖拉机牵引性能综合测试方法”和“基于微处理器的农业机械多用测试仪”的项目研究，并获得了国家实用新型专利。

1978 年，汪懋华开设了我国最早的“自动控制理论课程”，培养中国自己的自动化人才。此后十年，他一直都在农业自动化的领域中深耕。一直到1988年，率先研制成功微电脑孵化机控制器。这个如今看来简单的机械，在当年却真实地改变了我国城镇居民禽蛋供给长期匮乏的问题。

此后，汪懋华和他的团队，开始钻研“精细农业智能信息技术与系统集成研究”，再一次开启我国农业科研领域的新方向。

汪懋华是农业工程科学家，农业电气自动化与电子信息工程专家。他是我国农业工程学科的开拓者之一，在科研领域、教育领域做出了杰出的贡献。他也是我国农业现代化历程中的标志性人物，开创了许多农业科研领域的先河。先后获得国家星火科技进步奖、国家新产品奖等。

1995年，汪懋华当选为中国工程院院士。2006年，他被国际农业工程协会授予会士荣誉称号。

讲述

走了两天去赶考

新京报：您是哪一年参加高考的？当年您读书的中学是什么样的？

汪懋华：我出生于广东梅州的兴宁县城镇，在兴宁县第一中学读书至高中毕业，那是一所历史悠久的新式中学，培养了很多优秀的学生。在高二读书的时候，我被选为兴宁一中新民主主义青年团委员会唯一的学生委员。1951年7月，我高三毕业，参加了高考。当时整个广东省只有一个高考统考城市，在广州。我们兴宁县学联组织我们集体去广州参加高考，因为我是新民主主义青年团委员会学生委员，所以指定我组织 40 多位学生一起出发。

新京报：从梅州到广州，当时是怎么去的？

汪懋华：从梅州到广州，距离大概有 375 公里，但当时没有直通车，我们 40 多个人雇了两辆没有车篷的卡车，坐了 12 公里，到了东江边的老隆县，又雇了一艘船，沿东江一直到广州长堤上岸。船不是机动的，靠人力撑桨，夜里也不休息，走了一天半，加上之前的坐车时间，一共用了两天多。

新京报：您是什么时候到的广州？到广州以后直接到考场吗？

汪懋华：7 月下旬，比高考的时间早几天，因为报名也在广州，去了以后要先报名，分配考场，之后才能参加高考。

那时候我们都很穷，住不起旅馆。所以在出发之前，我们就想办法联系上了省学联，省学联把我们 40 多个学生安排到中山大学第四附属中学的图书馆里住。图书馆是一栋两层大厅的老楼，学校把一楼大厅的书全都搬到二层，腾出一层给我们住。我们自己都背着席子，40 多个男女同学靠墙铺好席子，挂起蚊帐就住下了，吃饭则是找了一个兴宁老乡在广州开的饭馆，他管我们一日三餐，一个月 9 块钱，这个价格算是照顾家乡的学子了，只是离住的地方比较远，走路要半小时左右才能到。就这样，从报名、考试，等放榜，我们在那里一直住了一个多月。

出门了就没有回头路

新京报：住那么久，是因为回家不方便？

汪槱华：从家里到广州不容易，回去更不容易，不可能考完后回家，放榜的时候再来一趟，各种条件都不允许。事实上，我从家里出来考大学，连回家的钱都没有，我上大学后第一次回兴宁老家是在1957年，那时候我已经毕业了，所以我一直都知道，自己只有努力学习才能改变命运，没有回头路可走。

新京报：当年的高考都考哪些课程？您的同学中，考上大学的人多吗？

汪槱华：就考语文、算术、政治、物理4门课程，每一门满分100分，在当时一起去考试的同学中，我的成绩应该在前列。

大家基本上都考上了不同类型的高校。我初中时曾同课桌的王佛松，考入了武汉大学，毕业后也被选去苏联攻读硕士学位，后来回国到中科院长春应用化学研究所工作，20世纪90年代初，他当选为中国科学院院士，后调入北京中国科学院担任副院长。

新京报：能讲讲当初报志愿的故事吗？

汪槱华：当时报志愿的时候，有三个招生方向，分别是南方大学①和中原大学②，还有一个是全国统一招生。放榜也是先后三次，南方大学最早，中原大学其次，统一招生放榜最晚。我们当时都在广州等待放榜。第一次放榜的是南方大学，大部分同学都被录取了。

---

① 成立于1950年，后并入华南师范学院（今华南师范大学）。

② 成立于1948年，后于1953年4月撤销，主要科系成为今天“中南财经政法大学”的前身，和“华中师范大学”的主要基础。

当年从梅州兴宁县到广州参加高考的部分同学，前排左二是汪懋华。

那个时候，一旦入学，就不用担心生活问题，吃住都是学校包，对我们这些贫家的学子很有吸引力，最终大约有 10 多个同学去报到了。剩下的其他同学有的不想去，有的想多个选择，还在等。第二次放榜的是中原大学，又有多个同学被录取去报到了。这两次发榜，都有我的名字，但我一直在等，我当时对自己的成绩挺有信心，而且我想去北京读大学，所以一直等到第三次放榜。

新京报：当时您考上了北京农业大学，是您最想去的学校吗？

汪懋华：在去广州考大学之前，我们中学的团委书记找我谈话，问我考大学想报什么专业志愿，我说想报机械工程专业，因为我的算术、物理都学得很好。但团委书记跟我说，我个子矮，当时还没车床高，去了学校，要操作车床，怕是很费劲。所以他劝我换个专业。当时我就想，不报机械工程专业，报什么呢？忽然想起曾经看过的苏联电影《幸福的生活》，里面有联合收割机在大农场收获作物的场景，场面非常壮观，我就想着，我也学这个，以后把中国的农业也变成这样，所以就报了北京农业大学的农业机械化专业。

北上之路，火车也要坐渡轮

新京报： 出门后连回家的路费都没有，您是怎样到北京上学的呢？学校承担路费吗？

汪懋华： 路费要自己出。我家里 4 口人，我和妹妹、母亲，还有一个半瘫痪的奶奶，全靠我母亲做手工养活，没有能力提供路费，是我的堂兄弟们，你 10 元他 5 元的，给我凑了 30 元路费，才买了火车票去北京上大学。

当时还没有长江大桥，火车走到武昌，整辆车开到船上去，船拉着火车开到汉口再上岸，接着往北开，整整两天，才到了北京。

新京报： 大学里的情况，和您想象的一样吗？

汪懋华： 不一样。我是 9 月 3 日到达北京农业大学入学的，当时北京农业大学在公主坟以西的罗道庄。报到之前，我想着，到了大学，一定能看到很多拖拉机、大型的联合收割机。但实际上，整个校区只有一辆福特小型拖拉机，也没有车间、车床。后来我才知道，我们的上两届学长，也就是 1949 年和 1950 年考入北京农业大学农业机械化系的，一共 29 人，都在东郊的一个名叫"华北农业机械总厂"的地方上课，那里有一些苏联来的拖拉机，总厂里的技术人员给他们讲课。

新京报： 作为南方人，初到北京有什么感触？

汪懋华： 从广东到北京的时候，我只有一个小包、一个小箱子，几乎没什么行李。入学以后，很快天气就转冷了，但我没有棉衣、棉被，也没有毛衣。事实上，我拥有第一件毛衣是工作以后的事情了。冷了以后怎么办呢？买新的不现实，没有钱，当时一位北京同学，带我到宣武门附近一处卖旧衣物的地摊，在那里花了10元，买了旧棉被、旧棉袄，那个棉被实在太旧了，买回来半个月，就被我蹬碎了。

新京报：70年后，再回忆当初的高考，有什么感触？

汪懋华：中学是积累文化和科学基础知识的时候，大学则是选择人生专业发展方向的阶段。中间的高考，是人生中很重要的转折点之一，要脚踏实地、淡泊名利、勤奋求实、开拓进取。这是我的座右铭，也送给所有的学子。

记者
手记

在土地上历练的先行者

做农业研究的学者，身上大多具有农民的一些特质，比如，勤奋、诚恳、认真……这是和土地打交道历练出来的品质。

汪懋华也是如此，年届九十的他，每天仍保持着去办公室工作的习惯，也保持着对新知识、新技术的好奇。

汪懋华是农家走出来的学者，考大学时，甚至因为节省回家的路费，而待在学校等待成绩公布。从那时候起，从广东梅州的群山里出发，走出了一条真正筚路蓝缕也多姿多彩的路。

汪懋华是我国农业机械化的先行者，苏联电影中，在金色麦田中驰骋的大型拖拉机，形成了他对农业机械、农业现代化最初的憧憬。

但进入大学，真正开始接触农业工程的时候，才发现我国的农业机械化如此薄弱，能接触到的唯一农机，还是一台小型拖拉机。

对那时候的汪懋华来说，学习和实践是一体的，大学的第二年，汪懋华就被派到了海南，成为拖拉机垦荒队的一员，一边学拖拉机，一边种橡胶。在当时，种植橡胶是为了满足制造飞机轮胎的需求，和汪懋华一起到海南的，还有 36 名学农业机械的学生。

农业科技的发展，从来和土地、种植联系在一起，汪懋华曾回忆，他们那些一开始就在土地里耕耘的同学，后来发展都很好，他认为，这和他们年轻时代无数的历练有关。

20 世纪 60 年代，已经任教的汪懋华，开始了农业电气化的研发之路，这也是他一生科研的重要节点。在当时，也是一个全新的领域。在那些年，几乎每到农忙，汪懋华和他的学生们，都在各地的农田中，和农民一起劳动，向农民推广新技术，也了解农民对电气化、机械化的真实需求。

这些实践和积累，让汪懋华总是能够站在农业现代化的潮头。十多年后，改革开放的第一年，我国高等农业院校中的第一个农业电气化与自动化专业招生，正是汪懋华，第一个为本科生和研究生开设了“自动控制理论课程”。

科技是第一生产力，从20世纪50年代的电气化，到60年代电气自动化，再到70年代的电子化，汪懋华都是最先关注且将相关科技引入农业现代化之中的。

汪懋华还是国内最早关注农业物联网的学者之一，尽管已经退休，但工作和学习，似乎已经成为他的习惯，成了生活的一部分。

基于物联网和信息技术的“智慧农业”，是汪懋华如今最关注的事情，经历了半个多世纪的中国农业现代化历程，他比许多人更了解，农业科技的发展，究竟能给这个世界带来怎样的改变。而推动这些改变的，是许许多多农业科技人员，像一个个老农一样，在他们的世界里，不断耕耘。“知识来源于勤奋和谦虚，我总是愿意付出加倍的努力，去学习、拓宽新知识。我也以此，与年轻的学者和科技人员共勉。”他说。

新京报记者：周怀宗　编辑：张树婧　校对：柳宝庆

童坦君：

天地很广阔，并非一考定终身

敬录伟人诗词

万山千水只等闲

红军不怕远征难

书赠高考学子

八十八岁老人

童坦君

1934年，童坦君出生于浙江慈溪，位于现在的宁波市江北区。小学时日军占领宁波，童坦君前往上海生活，分别就读于上海清心小学、上海育才中学、上海光华大学实验中学。

学医其实并非童坦君院士的第一选择。1934年出生的童坦君经历了抗日战争，目睹过日军飞机的狂轰滥炸。

1954年，正值新中国成立之初，各个行业百废待兴，尤其是工业，即将参加高考的童坦君怀揣着一颗想要为祖国建设出一份力的心，本打算报考清华大学的工科专业，但因为患过佝偻病和肺结核，在老师的建议之下，最终决定报考医学。他表示，虽然没学工科，但是也并不遗憾，学医也可以为人民服务。

1954年，童坦君考入北京医学院。回忆起高考放榜的那一天，童坦君仍难掩激动和喜悦之情，他笑着说，那天一大早自己就跑到街上等着那份儿刊登着录取名单的报纸。在报纸上，北京医学院的录取名单中看到了自己的名字。

大学期间，他毫不懈怠认真学习，在第二年就取得了优良生奖，内科临床实习也获得了患者的肯定。但在实习中不幸感染流感型肝炎，没能参与分配工作成为一名临床医生，阴错阳差走上了科研之路。

1959年大学毕业后，他考取北京医学院的研究生，师从刘思职院士，攻读生物化学专业。童坦君的科研事业是从肿瘤生化研究开始的。

1978年，他被教育部选拔为中美建交前首批访美学者，赴约翰·霍普金斯大学开始研究访问。在约翰·霍普金斯大学学习不到一年时间，童坦君主动去到美国国立卫生研究院，在这里，他成为第一批拿到美国国立卫生研究院博士后奖学金的新中国学者，并获得博士后结业证书，也是在这里的经历，让他萌生了开展衰老研究的念头。

1981 年，童坦君回国后开始逐步推动衰老研究。2004 年，以童坦君实验室为主体的北京大学衰老研究中心正式成立。童坦君主攻细胞衰老的分子机理研究，先后主持多项国家重点基础研究发展计划（“973”计划）课题、国家自然科学基金重点项目和面上项目、国家攻关课题等，先后获得 15 项国家级和省部级奖励，其中，“北大医学部科学家初步揭开人类细胞衰老之谜”被评选为 2002 年中国十大科技进展；“人类细胞衰老主导基因 p16 作用机制及其负调控”被评为 2002 年中国高等学校十大科技进展。童坦君在国内外学术期刊上发表研究论文 300 余篇，主编《医学老年学》等专业书籍 7 部。童坦君还筹备建立了“中华健康老年网”，向社会展示衰老研究中心的研究成果、普及衰老理论和抗衰老知识。

无论是一开始从事肿瘤研究，还是后来的衰老研究，他都以十足的科研热情投身其中。童坦君说：“我深深热爱我所从事的行当，享受我所从事的行当。”

童坦君用自己的经历鼓励学子从容面对高考，天地很广阔，踏踏实实走好每一步，当自己更加成熟、知识面更开阔、社会经历更多了，人生也可以有更多选择。

讲述

听取建议　放弃工科报考医学

新京报：您是哪一年参加高考的？为什么报考医学？

童坦君：高考的时候我也是很紧张的，要考哪所学校、学习哪个专业都考虑了很久。我是 1954 年参加的高考，当时新中国成立不久，需要工业方面的人才，我也想为祖国的建设出一份力，所以一开始想要报考清华大学的工科专业。考虑到我的身体状况，我中学的班主任建议我选择其他专业。于是我听取他的建议，调整了自己的报考专业。我想学医也可以为人民服务，给老百姓、解放军看病也是为国出力的一种方式，于是决定学医。北京医学院位于北京，我们都非常想来北京看一看毛主席、看一看天安门，于是我就选择报考了北京医学院（现北京大学医学部），运气不错，我考上了。

新京报：您的中学时代是如何度过的？

童坦君：我的初中是上海育才中学，在当时是上海的重点学校。但初二那年我因染上了结核病休学了两年多，休学期间，我在家里看了很多文史方面的书籍，有《鲁迅全集》《三国演义》《史记》等。因为这段经历，我的文科非常好。1951 年康复后，我没有回原校再读初二，而是报考了光华大学实验中学。虽然不是一所有名的学校，但是师资力量很好，当时的校长是研究生物学的，非常敬业。我们的数学老师、语文老师也都是名校毕业的。班上三十几个同学，考上好大学的不少，有 4 个考到了上海交通大学，考上复旦大学的也有三四个。老师和同学对我的帮助非常大，我在高中时学业有很大的提高。

高中时期的童坦君（1953 年）。

如愿以偿　看到了北京天安门

新京报： 您哪门学科成绩最好？是否记得收到录取通知书时的场景？

童坦君： 我平时的语文作文还是不错的，高中时还在学校做过演讲。但高考的时候，语文的作文题目是我没想到的，发挥得不是特别好。所以高考完心情并不是很好。我们那时候高考发榜是寄信来，但其实在寄信以前，早就有名单登在报纸上，我记得是上海新闻日报。我一大早就跑到街上等着报纸出来，在报纸上看到了北京医学院录取名单有我的名字。

新京报： 当年去北京上大学顺利吗？

童坦君： 1954 年夏天，我从上海去北京上大学的那年，正好赶上暴雨、发大水，铁轨都被泡在大水里，本来两天就能到北京的路程，走了三四天才到。一路上非常不容易，喝水也十分困难。后来终于到达了北京，有汽车把我们从火车站接到北京医学院，当时路过了天安门，我非常高兴，终于看见了天安门。

潜心治学　从肿瘤到衰老研究

新京报： 请讲讲您的大学生活，有什么印象特别深的事情？

童坦君： 大学期间，体育对我来说是一个难关，1500 米跑步不达标可能留级。我的身体不太好，但我那时候也坚持每天下午跑步。学校的操场一圈大概是 400 米，我跑四五圈。刚开始对我来说很不容易，但对我的身体是十分有帮助的，我慢慢适应了，1500 米能够跑下来并达标，而且我的身体也慢慢好起来了。

1958 年，北京建十三陵水库，我们学校组织学生去参与劳动、修大坝，我报名参加了。去了两个礼拜，我负责挑石头子，一天要干好几个钟头，晚上躺在地上睡觉，想起来都非常困难。我在大学之前比较懒散，有时候被子都不叠，经过这次劳动，我有了艰苦斗争的劲儿，不再“娇滴滴”了，这对我未来做研究是非常有好处的，实验研究需要能吃苦、肯受累的人。

大学期间，我还参加了药理的科研小组，初次了解了放射性同位素的医学应用，这是当时的医学前沿。药理实验中，还让我们用兔子来做研究，这在当时是非常难得的，这些活动激发了我对基础医学研究的兴趣。

在大学，科研小组的同学可以自由进入图书馆不对外开放的书库看书，这令我非常高兴。虽然当时学校对于英文并没有要求，但我会借阅一些英文的专业书看，坚持学习英文。我记得我把一本英文的《内科学纲要》从头至尾地念下来了。

新京报：大学毕业后您做了什么？

童坦君：大学毕业后组织分配我报考了本校的研究生。研究生阶段我主要从事肿瘤研究，对肿瘤研究我也十分有兴趣，因为肿瘤在我国的发病率很高，这方面的研究十分重要。后来有机会去美国留学，在这期间慢慢形成了衰老研究的想法，中国那时候没有衰老研究所，在美国国立卫生研究院待了两年，看到他们有老年研究，这是一个新兴的学科。回国后，我继续跟随导师从事肿瘤研究，刚好我的妻子张宗玉实验室有一批需要被处理的老龄鼠，我建议她可以利用它们开展衰老的分子生物学研究。后来她赴美学习，我就将衰老研究的工作接手过来，衰老也就成了我的主要研究方向。

新京报：您对参加高考的学子有什么寄语？

童坦君：要定下心来，不要想太多，踏踏实实，好好准备。选定一个自己喜欢的专业，但高考也不是一考定终身。其实，进入高校以后也有很多机会，拿我自己举例子，我最初想考工科专业，最后选择了学医，现在我成了一名老师。当自己更加成熟了、知识面更开阔了、社会经历更多了，你也可以有其他选择。所以，高考也不用过分紧张，天地很广阔。

记者手记

将责任扛在肩上　将奉献化为行动

因为疫情，这次采访只能在线上进行，童坦君院士十分配合，让本次采访得以如期顺利进行。

镜头中的童坦君院士端坐在书桌前，88岁的他精神矍铄，回忆起学生时代的过往，他一直笑着，时而展颜，时而开怀。

童坦君院士的童年和学生时期的经历并不算顺利，幼年时期，条件艰苦，时有吃不饱，因为营养不良患上了佝偻病，初二时被邻座的同学传染患上了结核病，不得不休学养病，大学临近毕业，在实习时接诊一位高烧待查患者时感染了流感型肝炎，不得不再次休学半年，也是因此，大学毕业的童坦君没有被分配去工作，而是被分去了考研究生。这虽然让他与临床医生的梦想失之交臂，却也为他日后走上衰老研究之路埋下了伏笔。

求学路上的波折，并没有成为让童坦君消沉的“拦路虎”。初二休学期间，童坦君将自己的全部时间都投入到读书上，康复后，不想重读初二再白白浪费几年的时光，于是转头报考光实中学，顺利进入高中。大量的阅读为他优异的语文成绩打下基础，但刚上高中的他数学成绩却是一塌糊涂，要强的他在老师和同学的帮助下，数学成绩从不及格一点点提升到全班第二名。说起来云淡风轻的经历，背后有着童坦君坚韧不拔的毅力和刻苦钻研的进取劲头，这大概也是他能在向来艰难的科研之路走下来的原因。进入大学后，他依然保持着阅读的习惯，最满意的就是学校的图书馆，并经常借阅英文的专业书籍。机会总是留给有准备的人，凭借良好的英文基础，童坦君通过考试成为首批赴美学者，也是在这期间，与衰老研究结缘。

其实，童坦君的衰老研究起步时也面临一定的压力，但这也没有成为他放弃的理由。在改革开放前，我国提倡“一不怕苦，二不怕死”，衰老研究曾被一些人认为是“活命哲学”。但在童坦君看来，衰老研究不仅可以提高老年人的生活质量，还能为儿女和社会减轻负担，甚至可以不断为社会做贡献。于是，童坦君坚定了攻克衰老难题的决心。如今，衰老研究不仅获得了国家的重视和支持，衰老医学研究的人才队伍也日益壮大，中国老年医学渐成规模。童坦君对此十分欣慰，他说，他热爱这个行当，希望躺在病榻上的老人越来越少，希望健康老年人人有份，为社会、为家庭做贡献的优先年龄段一长再长。

2005 年，年已 70 的童坦君当选中国科学院生命科学和医学学部院士，面对荣誉，他觉得身上更多了一份社会责任，希望能够为我国科研水平提高再贡献一份力量。他和方精云、曾益新院士针对我国博士后制度提出了一些改革意见，并被国务院采纳。他说，这是他当选院士后做得最有意义的一件事。2000 年以来，童坦君还开展了科普宣传的一系列工作，创办中华健康老年网、撰写《健健康康活百岁　有滋有味过百年》……他希望将自己的科研成果能够实实在在惠及大家的生活。

从最初报考工科想为国家发展略尽绵力，到报考医学院立志治病救人，再到后来开展衰老研究、改革博士后制度、向公众科普健康知识，始终不变的是童坦君的赤子之心和社会责任，时时不忘奉献和回馈社会。如今，已年近鲐背之年的童坦君依然觉得自己做得还太少了。童坦君说：“我有幸生活在国力日益强盛的中国，得以亲身参与其中，幸福无限，只是感到自己的奉献太少了。”

新京报记者：刘旭　编辑：岳清秀　校对：柳宝庆

吴天一：

上大学时只有 14 岁，想参军改填年龄

同学们

你们真幸福，

伟大的时代，

伟大的国度，

伟大的使命，

给了我们建功立业的机会，

青藏高原正向你们招手！

吴天一，塔吉克族，1934年生，1982年5月入党，新疆伊犁人，高原医学事业的开拓者，中国工程院院士，“七一勋章”获得者，被评为“感动中国2021年度人物”。

毕业于中国医科大学的吴天一其实没有参加过高考，还差一点当了街头擦皮鞋的鞋童。

1946年，吴天一与家人从新疆到了南京。他父亲是公务员，母亲已经失业。当时家里很拮据，母亲已经给他买好擦皮鞋的箱子。如果他考不上国立中学，就只能去大街上擦皮鞋补贴家用。

在这种压力下，吴天一考上了当时的中央大学附属中学，就是现在南京大学附中和南师大学附中的前身，开始了他的中学生涯。

三年后，他和家人做出了不一样的选择，也走上了截然不同的人生道路。在吴天一的一生中，有过多次重要选择，这只是其中之一。

1949年，吴天一选择加入共青团的前身新民主主义青年团，留在了国内，一年后，他选择加入志愿军，被送到中国医科大学学习；从部队转业后，他毅然选择了扎根青海，把攻克高原病作为自己的研究方向；20世纪80年代，在美国做交流学者的他，放弃了美方提供的优渥条件，放弃了与父母团聚，坚决回到了青藏高原。这些选择，他从来没有后悔过，也正是这些选择，成就了中国高原医学。

20世纪70年代，国内的高原医学研究还是一片空白，吴天一开始有意识地观察和积累高原病的数据和资料，寻找有效应对高原病的办法。在没有任何经验可以借鉴的情况下，吴天一克服自身头痛、胸闷、失眠等高原反应，频繁出入高寒地带，为牧民治病、收集生理病理数据。在调研途中，他遭遇过6次车祸，留下14处骨折，最严重的一次，车辆从山坡滚落，差点儿丧命。1978年，青海成立了高原心脏病研究所，吴天一便开始经常带队下乡做研究。

吴天一去的很多地方没有路，他学白求恩用毛驴驮医疗仪器的精神，按照每个仪器的大小尺寸设计好架子，架在牦牛上，将测心电图、血氧、超声等仪器带到边远农牧民家里。正是凭借这种精神，吴天一为中国的高原医院打下了深厚基础。

他的科研成果，除了拯救了数以万计的高原病患者外，还成就了高原“巨龙”青藏铁路。

在青藏铁路建设工程中，吴天一负责高原病防治工作。青藏铁路二期工程起点位于青海格尔木，终点是西藏拉萨，平均海拔在4000米以上，是世界上海拔最高的铁路，施工难度之大可想而知，工人们时刻面临着急性高原病的威胁。

为了应对高寒缺氧，确保铁路顺利施工，作为专家组组长的吴天一数次带队奔波于青藏铁路沿线，研究确定了一整套健康保障措施和急救方案。5年里一共有14万多名工人在海拔4500米以上劳动，因高原病死亡的人数为零，国际高原医学权威威斯特教授称之为“高原医学史上的奇迹”。吴天一也因此被称赞为“生命的保护神”，荣获“国家科技进步奖特等奖”。

吴天一一生扎根青藏高原，投身高原医学研究50余年，提出高原病防治的国际标准，开创“藏族适应生理学”研究，诊疗救治藏族群众上万名。如今80多岁的吴天一仍然坚守在青藏高原之上，守护着高原人民的健康。

“我们没有辜负这身白大褂，换来了藏族群众对科研的理解支持。”吴天一的论文，写在了雪山草原上。

讲述

考不上国立中学就去擦皮鞋挣钱

新京报： 您能回忆一下自己的中学时代吗？

吴天一： 1946 年，我们家从新疆到了南京。我是塔吉克族，吴天一是我的“学名”，因为要到汉族地区学习了，父亲就说应该起一个“学名”。起名“天一”并不是想让我当“天下第一”，而是这俩字好写，笔画少。

那时，我家里穷，我父亲是公务员，母亲是小学教师，但已经失业了。家里娃娃也比较多，我母亲明确跟我说，家里没钱给我读中学，要是考不上国立学校，就去街上擦皮鞋，他们把擦皮鞋的箱子都买好了。当时，南京满大街都是坐在小凳子上擦皮鞋的小孩。

在这样的压力下，1946 年秋天，我考上了当时的中央大学附属中学（现在南京大学附中和南师大学附中的前身），这所中学出的院士数量有六七十名了。

当时的这个考试，比考状元还难，当地的穷人、有钱人，抗战胜利后从重庆、贵州返回南京的人，都要考这个学校。毫不夸张地说，大概一万人只录取一个，但是我考上了。

这个学校管吃、管住、管穿、管教，进去后啥都不用自己操心了，但只要有一门功课不及格，就会被开除、降级，最主要是取消公费。其实，我小学时很调皮，但进入中学后读书很拼命，不然我丢掉公费资格就完了。

进入大学时，实际只有 14 岁

新京报：您是中国医科大学医疗系毕业的，1951 年入学，但当年还没有全国统一的高校招生考试，您是怎么进入大学学习的？

吴天一：1949 年 4 月 23 日，南京解放，我们学校里的地下党员看我挺积极的，就把我送到学习班去学习。之后，他们从中选拔了一些人，发展为新民主主义青年团团员，就是共青团的前身，我也在那时加入了。1949 年 10 月 1 日以前，我还是地下团员。

后来抗美援朝，当时我才上高二，年龄不够、个头特别小，但我觉得我是新民主主义青年团团员，必须参加。

我等到最后一天才去体检，觉得那时应该会松一点儿。结果护士长看见我就说“走走走，你这么小当什么兵啊”，跟电视里演的一样，我差不多要跪下了，我说我能长大，而且身体健康，让我查查行不行。

吴天一着军装照。

她被我缠得不行，就把我领到主检医师那里，医生看我还挺机灵，就让我检查了一下。因为我的实际年龄也太小，我就让护士给我多填了两三岁。我的简历上写的是 1935 年出生，实际上，我是 1937 年出生。那个时候还是想到前线打仗，结果把我送到中国医科大学学习。

新京报： 您在大学的学习生活是怎样的？

吴天一： 我们是中央军委委托中国医科大学培养的一批军队的学生，因为要面向战争，当时的军医大学是三年制，但当时地方的医学院都是八年制的。

我上大学时，心里很紧张。我才读高二，其他学生都是高中毕业的，也有参军后转学医的。但是因为我中学学得扎实，所以不到一年我就超过了他们，还当了很多科代表，比如，生理科代表、病理科代表、外科科代表。

最后两年，一年是临床实习，老师会带病人来上课，还有一年是生产实习，把学生分配给医生带，一般是有经验的老医生。

青藏高原很多地方都是科研处女地

新京报： 对于即将走入大学的学生，您有什么想对他们说的吗？

吴天一： 北师大曾经邀请我给他们的全体研究生做报告，我当时讲的最重要的一个内容就是，做科研要有真才实学，这是一个人最重要的品质，就像一个建筑物打地基一样，一层一层地建上去。说老实话，现在年轻人比较浮躁，急于求成，但是科学上没有平坦的路，需要一步一个脚印去走。

珍惜时间很重要，每个人时间都是一样的，这是最公平的。我这一辈子，每天都有自己的计划，每天完了要回头看一下，最近大部分都没做完。

一分一秒都是时间，整体的时间是一分一秒积累的，只有抓住一分一秒的人，最后才能走向成功。

新京报：您几乎在高原坚守了一辈子，取得了很多重要成果，您希望现在的年轻人来到高原创业吗？

吴天一：青藏高原这片土地是需要人的，这里是能让人大有作为的地方。对我来说，青藏高原的各种条件跟内地不能比，硬件、软件、团队、资金、各种信息都落后，但是，我比较勤奋，也比较努力，能看到一些超前的东西，所以评院士是一次评上的。另外，从科学角度来看，无论是生态、生物，还是环境、地理、地质等，尽管现在在开展第二次青藏高原的考察，但也只能探索一部分，很多都是未知数，都是科学的处女地，有待开垦，期待有志者走上这片土地，来建功立业。

在这次两院院士大会和中国科协第十次全国代表大会上，习近平总书记讲了一句话，跟我的专业有关系，“面向人民生命健康”，这句话我非常关注。这次用了生命健康几个字，就是说人不但要有健康的体质，还要有生命质量。

我这一辈子做的事就是保证青藏高原上人民的健康，所以我觉得这方面有很多事情可以做。这里可以闯出天下，能找出一些创新的道路，立业可以选择青藏高原。

在高原上立下精神丰碑

年近90岁的吴天一院士这两年突然走进了公众的视野，从“七一勋章”获得者，到感动中国年度人物……过去两年，吴天一院士几乎获得了身为中国人能够获得的最高荣誉。而这些荣誉背后，是他一生坚守高原的付出。

2021年6月，我在青海省高原医学科学研究院中心实验室见到了这所研究中心的创始人吴天一院士。当时“七一勋章”名单还在公示，“吴天一”的名字还没有被更多的人所熟知。

瘦小，是我对于吴院士的第一印象。80多岁的他，已经不再是百科照片上那个梳着分头，容光焕发的年轻人，穿着实验白大褂的他，显得格外瘦小。高原严酷的环境，侵蚀了他的皮肤，损害了他的听力，却始终没能击垮他的意志。

一个多小时的采访，让我对这位老人更加刮目相看。从战乱年代走来的他，有着年青一代难以想象的传奇经历。

为了研究高原病，吴天一需要经常下乡诊疗。如今的青海，已经有了四通八达的柏油路，当年的路况却十分糟糕。吴天一出诊的路上，发生过6次车祸、全身14处骨折。

最严重的一次发生在青海橡皮山，骨折的肋骨差一点刺穿他的心脏。

那里海拔有4000米左右，当天下小雪，司机开太快，一下就从山顶翻到山下。司机当时已经晕过去了，吴天一从车里爬出来的时候，身上都是血，车已经完全报废了。吴天一左边四根肋骨、肩胛骨、两条腿都断了，髌骨也断了，当时完全是靠着毅力爬了出来。

“我身体算是‘粉身碎骨’了。长期高原缺氧，我现在戴着心脏起搏器。因为经历过无数次车祸，我全身骨头都断完了，但是我一次次坚强地站了起来。”

吴院士说这句话时，轻描淡写，仿佛那些残酷的经历，并未发生在他身上。很难想象，眼前这位瘦小老人，身体里钉着钢钉，心脏戴着起搏器。

吴天一的选择和坚守，诠释了家国情怀和一个共产党员的担当。“喝一口烧不开的水，咽一口化不开的糌粑，封存舍不下的亲情，是因为心里有放不下的梦。缺氧气，不缺志气，海拔高，目标更高。在高原上，你守望一条路，开辟了一条路。”《感动中国》为他写下这样的颁奖词，扎根高原数十载的吴天一，已经成为高原上屹立着的精神丰碑。

在采访的最后，吴天一寄语下一代，希望更多的有志青年挺身而出，选择高原：“这里可以闯出天下，能找出一些创新的道路，立业可以选择青藏高原。”

新京报记者：李玉坤　编辑：白爽　校对：李立军

廖万清：

是人民助学金，支持我如愿踏上医学之路

为理想奋斗不渝

为事业坚韧不拔

廖万清

医学真菌病学专家、皮肤性病学专家，中国工程院院士廖万清是被保送第四军医大学的，回忆起当年的求学之路，可谓“一波三折”。这么多年，他始终认为，每个人都应该有自己的理想，每个人都应为自己的理想不断努力，用坚韧不拔、矢志不渝的意志不断前进。

1938 年，廖万清出生于新加坡。做服装生意的父母一直希望有条“根”留在祖国，于是在 1941 年把年仅 3 岁的廖万清送回广东梅县老家，寄养在叔叔家中。1950 年，被划为地主成分的叔叔为保护廖万清，和年仅 12 岁的他分了家。从那时起，廖万清基本上靠当地教育部门抚养。

廖万清小学毕业后，一开始因为没钱，上不起学，只好去给人放牛。直到人民助学金制度出现，廖万清才得以重返学校，并以此完成初中、高中的学业。“1952 年有人民助学金，我拿最高级，6 块钱，生活就过得下去。读高中我又没有钱，又是领人民助学金，又是最高级，7 块。我知道上学的机会来之不易，就更加努力读书。”回忆起自己的学生生涯，廖万清很是感慨。

虽然生活极为拮据，但廖万清清楚地知道，在物质生活水平极为低下的当时，这六七块钱助学金的分量。他一心读书，成绩一直名列前茅。等到高中即将毕业时，由于台海形势紧张，已然是一个热血青年的他决心要报考军校。

廖万清最终被第四军医大学录取，如愿踏上了医学的道路。从国内第一本真菌病学专著《真菌病学》的编写到发现格特隐球菌

S8012，在随后短短20多年的时间里，又相继发现9种新的致病真菌……

廖万清常说："我生在海外，长在祖国，是戴着红领巾、别着共青团团徽、穿着绿色军装，在国旗、党旗、军旗下成长起来的。我时刻都铭记着祖国的培养与党的恩情，我的一切是党给的，我要把一切献给党，献给军队，献给祖国人民。"

讲述

一波三折求学路

新京报：您是何时参加高考的，考试的过程顺利吗？

廖万清：我没有参加过真正意义上的高考，当时是保送去的大学，过程却是一波三折。开始空军来招，我有海外关系，空军不能收；后来海军来招，其他条件都合格，体重不够，我只有39公斤，最少要45公斤；第三次是总后勤部第四军医大学来招，一查，成绩很优秀，要。我还问工作人员，我有海外关系，要不要紧，他说人的出身、家庭是无法选择的，革命的道路是可以选择的，关键是你愿不愿意为国防事业服务，愿不愿意到第四军医大学去。我说，愿意。

新京报：与现在的孩子相比，您求学时的条件如何？

廖万清：1952年，读完小学后，由于唯一能依靠的叔叔并不宽裕，没有钱供我继续读书。幸好人民助学金支持了我，初中时每月6块钱的助学金，我用1块8来买菜，剩下的钱用来买米和一些生活用品、文具，勉强能够维持着生活。我很珍惜重新回到教室上课的机会，所以肯下功夫读书，成绩也总是排在前面。

新京报： 您记忆最深的一次考试是在什么时候？

廖万清： 中考前两个礼拜，我因为一时嘴馋吃了些野山蜂的蜂蜜，腹泻、发烧，烧到将近 40℃。幸好叔婆是一位助产士，懂医学知识，及时对我施以救治，并把我带回家，慢慢调养。本以为生病会对中考造成影响，没想到，最终的成绩依然没受影响，在本校同届 72 名应考学生中，我取得前三名的好成绩，化学成绩尤为突出，考了 86 分，是众多同学中考上省立重点高中——梅州中学的几个人之一。

精力都用在了读书上，生活上的清贫不怎么感受得到

新京报： 您的高中学校什么样？高中时代是如何度过的？

廖万清： 我的高中时代是在梅州中学度过的，创建于 1904 年的梅州中学自 1912 年起就被评为广东省的重点中学，一度是周边闽南、闽西、赣南和粤东地区优秀学子梦寐以求的学府，共和国开国元勋叶剑英、著名桥梁工程与力学专家李国豪、淡水藻类学家黎尚豪等都曾在此求学。我刚入学的时候，成绩并不算特别出众，按中考得分分配的甲乙丙丁戊己 6 个班级中，我被分入己班。上高中以后，我的精力都用在读书上，对生活上的清贫反而不怎么感受得到了。整个高中阶段，我依旧是借助人民助学金完成的学业。

新京报： 您是如何走上学医路的？受到哪些影响？

廖万清： 受家族里两位叔公的影响，学医是我从小就有的梦想。叔公廖寿南是梅县的一名中医，为人和善，医术高超，小时

候经常看到叔公为乡亲们开药、治病。此外，我还有一位西医叔公廖罗士，他毕业于美国芝加哥大学医学院，获得医学博士学位，学成后立即回国在隆文开了一个卫生所，成为一名乡村医生，为百姓治病。在我的印象中，叔公心肠好、医术高，只要乡亲们有需要，打一声招呼，热心的叔公就骑着自行车上门服务，随叫随到。在耳濡目染中，“救死扶伤”“全心全意为病人”这些医者的观念深植于心。

一心报国是廖万清的毕生夙愿。

“十块钱”的同学情谊，感激我的“革命引路人”

新京报： 您还记得当年去大学求学的情景吗？

廖万清： 1956 年 6 月下旬，按照计划，我和梅县另外 41 名同学一起，由前来招生的邵振海中尉和梁泽民少尉带队，统一从梅县上车，乘敞篷卡车到几百公里外的广州火车站；火车到达武汉后，大家集体下车，坐船过江，之后在指定地点集合，再次坐火车开赴西安。在临走前，我却犯难了，因为身无分文，不得不向高中同一宿舍的曾俊杰借了 10 块钱当路费。

当时十分期待大学后的生活，因为听招生的老师说，一旦当兵，基本就意味着衣食无忧。在部队，学员们能“呼噜呼噜吃油炒的菜”，还能发衣服，棉衣两年发一身，单衣、内衣一年各两身，毛巾四条，还有布鞋和胶鞋，还有个人津贴。当我把津贴攒下寄给我同学时，没想到他把钱退回来了。我明白，在那个大家都不富裕的年代，10 元钱对一个人来说意味着什么，我很感激他。

我对邵振海中尉和梁泽民少尉一直心怀感激，第四军医大学毕业至今，我始终与这两位军官保持着联系，向他们汇报自己的最新情况。可惜的是，其中一位年纪大了，现在已经不在了，他们是我的“革命引路人”。

新京报：您记忆中的大学学习生活是怎样的？

廖万清：我所在的医疗系共有 280 人，其中不乏解放战争后从各部队保送来的少尉、中尉甚至大尉等干部学员，他们大多是初中甚至小学毕业，基础薄弱，课堂成绩比不过我们这样的应届生，但他们经历多、社会经验多，思考和处理问题不像高中应届生那样稚嫩。因此，由他们担任班级或支部的工作，明显有优势，他们很自然地成为学生中的骨干，也是黏合剂。

当时的学习气氛很浓。那时，同学们对知识都如饥似渴，同学之间你追我赶，一到休息时间，整个校园都充满着浓厚的学习气氛，甚至连寒暑假期间都有不少同学不回家，而是选择留在学校读书。

因为平时功课较紧，老师讲课时布置的课外阅读书目是读不完的，只有利用寒暑假的时间来多读些书。

20 世纪 50 年代，高校图书馆的资料有限，书架上的书经常被一借而空。每到下课时分，图书馆门口都会有一条“长龙”在排队等着借书，大小图书馆和各阅览室也都座无虚席。那时，班上的同学都会形成学习小组。每到课间，一起学习的几个同学就会聚在一起，就难点问题进行讨论和研究。如果遇到意见不统一，他们甚至会争到面红耳赤。

新京报：您对参加高考的学子有哪些寄语？

廖万清：靠天、靠地，不如靠自己。无论目标是哪个大学，都要坚持不懈、努力奋斗，唯有朝着理想矢志不渝、不断奋进，才能实现自己的理想，无愧于国家，无愧于父母，更无愧于自己。

记者手记

一位在国旗、党旗、军旗下成长起来的真菌病学医者

“他是一位可敬的院士，更是一名无畏的战士，功成名就之时，他仍冲锋在医疗科研第一线，用自己70年的人生轨迹，成就了救死扶伤的崇高事业，书写了一心报国的毕生夙愿。”这是2010年第二军医大学新闻人物颁奖大会授予廖万清院士的颁奖词。

用和蔼可亲、温文尔雅来形容他，再合适不过了。犹记得第一次联系采访廖万清院士时，记者心怀忐忑地拨通了他的电话，接通片刻，电话另一端传来了一位和蔼老人的声音，没有丝毫的犹豫与所谓成功人士的“架子”，与记者沟通好采访时间后，他说：“欢迎你来上海。”

接近两小时的专访，80多岁的他坐在办公桌前，将自己的故事娓娓道来，时而幽默风趣，时而动情拭泪。廖万清的童年算不上幸运，自幼远离父母，回到国内，全靠人民助学金完成学业的他一路走来颇为艰辛。

其实，他的学习精神远不止于完成学业，更体现在他的日常工作以及他在对真菌病学的研究中。他告诉记者，他真正走进真菌世界，缘于一次与隐球菌性脑膜炎的正面遭遇。

“1979年的一天，一名40岁左右从事海运工作的干部因高烧、昏迷到长征医院就诊，腰穿后发现，患者系隐球菌性脑膜炎。我也参与了抢救，但由于病人就诊太晚、病情严重，又缺乏有效药物和治疗方法，几天后病人不治身亡。眼睁睁地看着一条年轻的生命逝去而束手无策，我非常难过，也备受刺激。”廖万清感慨道。

这次事件后，他便开始钻研隐球菌性脑膜炎的治疗办法。为

了了解“敌人”，廖万清骑着自行车去复旦大学微生物系当起了“走读生”，从基础理论、做实验到临床观察，他一步步越来越熟悉真菌家族。直至1980年，他发现了隐球菌S8012菌株，该菌株不仅被收录于美国微生物真菌保藏中心ATCC（ATCC 56992），比利时微生物真菌保藏中心BCCM（IHEM 4164）、荷兰微生物真菌保藏中心CBS（CBS 7229）等国际著名实验室也都收录并永久保藏着这一中国学者的发现，并公开向世界各研究机构出售供应。迄今为止，这仍是各国真菌库中唯一由中国学者贡献的菌株。

他说，儿时的他最爱读《钢铁是怎样炼成的》，书中的一句话从那时起就深刻地烙在了他的心上：“一个人的生命是应该这样度过的，当他回首往事的时候，他不会因虚度年华而悔恨，也不会因碌碌无为而羞耻。”他立志要像保尔·柯察金一样，做一个意志顽强、性格坚毅，不向命运低头的人。

正如他说的那样，已年过80，廖万清院士有权选择急流勇退，含饴弄孙，但他志不在此。他依然冲锋在医疗、教学和科研的第一线，没有停下前进的步伐。他说，他的下一个目标是建立医学真菌病研究所，使之成为集诊断、治疗、科研及教学于一体的，解决临床实际问题的真菌病研究基地。而他带领的课题组正在开展有关“重要病原真菌分子生物学致病机制”的研究，以期破解相关致病机制，寻求更有效的诊疗措施，让真菌病不再是“夺命病”。

他这样描绘着心中的蓝图：“基地要全面开放招收研究生，吸引有志青年聚到一起搞研究。想治真菌病，人们首先想到的就是这个基地。”现在，长征医院皮肤科已经有从美国、意大利、荷兰学成归来的青年医生。廖万清希望每年都能有优秀学生到国外学习交流，这样慢慢地，皮肤科就会有一支年轻的队伍，“要让青出于蓝而胜于蓝，一代更比一代强，我们一定要托起未来新的希望”。

提及现在的工作状态，廖万清说：“虽然年纪大了，但我还是干得很开心，虽然忙一点，我还跑得动，我就干。”

新京报记者：张兆慧　编辑：岳清秀　校对：刘军

魏复盛：

为复习瘦了 30 斤，刚到考场门口就发烧

勤奋努力
持之以恒
必能成功！

魏复盛

“国家需要我干什么，我就努力去学习，去适应。”84 岁的魏复盛仍没将工作放下，作为中国环境监测总站总顾问，他总要在家参与线上的学术会议，每周还要去站里工作。

魏复盛院士一直从事环境监测技术工作，包括环境化学、环境污染与健康、环境监测技术方法系统验证和标准化。他对建立和发展具有国际先进水平的中国现代环境监测方法体系做出了重要的奠基性贡献，他在国家重大战略咨询研究方面开展工作，组织编写的有害化学品的监管和土壤保护等一系列重要咨询报告为国家相关决策提供了重要技术支持。他在环境监测领域的辛勤耕耘，为我国环境监测事业的发展与壮大贡献卓著。

走上这条道路，还要从高考那年说起。1959 年夏天，魏复盛成功被中国科学技术大学化学系录取。1964 年，魏复盛毕业了，开始在中国科学技术大学化学系留校任教。1974 年，他开始从事环境污染物质分析方法研究。

就在那时，魏复盛开始进行环境监测分析技术与方法的研究。20 世纪 80 年代中期，他领导并组织了全国按照“水和废水”“空气和废气”“土壤”“固体废物”等要素进行监测分析方法的研究、统一验证和标准化，对建立和发展中国的环境监测技术与方法体系做出了重要贡献。此外，魏复盛开展了中国环境污染对居民健康影响的研究，他领导的课题组与美国癌症研究所合作，筛选出导致云南宣威肺癌高发的主要因素和易感基因，推动了当地政府采取煤炉改造等措施，从根本上减少居民多环芳烃的暴露。

1983年5月，魏复盛被调入中国环境监测总站，先后担任分析研究室主任、副站长、研究员、总工程师。1997年，魏复盛当选为中国工程院院士。2010年，他获得第八届光华工程科技奖。2013年，他受聘为中国科学技术大学环境科学与光电技术学院首任院长。2017年，他获得首届环境化学终身成就奖。

回看那些年，魏复盛认为高考影响了他以后的人生道路。不过，他之所以能在这条路上越走越远，是因为上了大学之后，他“一直在努力，一直在追赶”。

讲述

高考三天都在发烧

新京报：高考前您在做什么？

魏复盛：1958年，我读高二，当时号召大炼钢铁，高中生也要去参加这项任务，所以我们那一年没有读书，全体都在邻近的一个县里采煤、采铁矿，炼钢。到了1959年春天，我们县委下通知让全体应届生回去复课，说高中生是人才，回学校继续学习，准备高考。

当时还剩下一两个月的复习时间，高三的课程根本学不完，学校就说有些课程不学了，直接选文理科，如果选择理科考试，那历史、地理这类课就不用上了，就专攻物理、化学。我当时选择的就是理科，这么多天没学习了，还是很紧张的，我利用一切时间复习、做题。我炼钢的时候体重是130斤，回来复习准备高考，一下子降到了100斤，整个人变得很瘦。

要启程去高考，我就带了一支灌墨水的钢笔，还有两本理科的书。

新京报：回忆一下高考的整个经过。

魏复盛：高考那三天，我们在成都考试，所有学生一起坐车去成都，然后住在成都饭店里。那时候也没有什么宿舍之类的概念，全体男生就睡在成都饭店的大堂里，在水泥地上睡觉，没有被子没有席子，就拿随身携带的两本书垫着当枕头。女生也一样，她们睡在成都饭店里的一个舞台上面。那几天吃饭，早晨是成都饭店提供的两个馒头，中午自己找个地方吃饭，晚上再走回饭店。

到了考试的第一天早晨，走进考场前，我就开始觉得不舒服，整个人发热、头疼。老师给我量了体温，说我发烧了，给我吃了退烧药、止痛药。高考考了 3 天，我也发烧了 3 天，坐在考场上有点儿头晕眼花的，但还是要保持镇定，把题目一个个答完。

考完回去，我还在发烧。到学校遇到了生物老师，他一看我右边腮帮子都肿了，就说我这是腮腺炎，给我开了几服中药，让我自己去抓药，吃完之后病真的就好了。

新京报：那时候没有担心自己会因为生病发挥失常吗？

魏复盛：没有，我那时候什么都不想，觉得一定要坚持下来。考完试，我们同学之间也对了一下答案，但是也不会深究，还是要让自己尽可能保持平常心，争取考得好一点儿。

新京报：还记得分数吗？

魏复盛：我们当时没有公布分数，但是大学里老师告诉了我。一共 5 门课我是考了 380 分左右。语文和化学成绩都比较好，数学和物理均有一道题没做出来，我至今还记得数学那道题是几何题，要做出来就需要先画一个辅助线，但是我在考场上始终没有想起来那条线应该画在哪里，至今想想还是遗憾。

新京报：为什么报考了化学专业？

魏复盛：我们当时可以填好几个志愿，我其实也不懂自己该学什么、该考什么、该填什么，就在学校老师的指导和推荐下填了几个学校和专业。

等到 9 月到中国科技大学报到，大学的老师才和我说，要把我分到化学专业，因为原本填报的专业涉及物理和数学，而我高考偏偏那两门没考好，化学倒是考得不错。我就是这样就读了中国科技大学的化学专业。当时根本不会想那么多，国家需要我干什么，我就努力去学习，去适应。

只是因为想读书

新京报：您出身于农民家庭，小时候家里重视学习吗？

魏复盛：不重视。我们一家 9 口人，弟兄姐妹一共 7 人，只有大哥被父母送去读书了，理由是家里需要有个识字的人，以免被地主老财欺压。我到了七八岁时，跟父母说我想上学，父母不让，当时家里也很穷，拿不出那个钱来。我就只能到山上去放牛，然后给猪打猪食，但是这样也没有磨灭我想去学习的那颗心。

后来私塾里的老师听说了我，看到我是这么一个想要读书的孩子，就跟我父母说免费收我进学堂，我这才有了读书的机会。新中国成立后，这个私塾停办了，国家把我放到小学去插班，读了三年级，我就在想，能不能去考个初中，我还是想读书，最后是考上了。

之后我一直继续考学，直到考上大学。

新京报：上了大学，有什么感受？

魏复盛：当时家里也没钱，我还是到成都招生委员会去申请路费的。我记得当时学校还给发了一个托运行李单，我们还不知道托运是什么，也没有托运行李。当时我大姐给我做了全套棉被，背两本书，拿一个洗脸盆，一个网兜，坐了三天三夜的慢车，才到了北京。

上了大学，其实有点儿自卑。我们高中因为炼钢，有很多课程没有上，考的分数都比大学的其他同学低。好多知识点都没学过。再加上大学里上课，老师一节课讲四五十页书，还没理解就过去了，下来写作业也不会，老师讲课也跟不上。

我那个时候的感觉是，自己是不是不行了。

新京报：后来是怎么改变的？

魏复盛：我后来想，我努力了这么久，老师这么培养我，也来到了首都，不能放弃。我就下定决心，一定要闯过大学这一关，把大学里应该掌握的学习方法学会。我相信自己刻苦努力，一定会取得成功。

有了这个想法之后，我开始改变自己。那是大学的第一个学期，上课的时候我都坐第一排，努力跟上老师的讲课思路，听清来龙去脉，并且做好笔记，然后再根据学校的参考书来复习。那个学期末，我的考试成绩就不错，我觉得我掌握了大学的学习方法。

一直在努力，一直在追赶

新京报：高考给您带来了什么影响？

魏复盛：应该说是影响了我以后的人生道路。但是我之所以能在这条路上越走越远，是因为我一直在努力，一直在追赶。也正因为大学里一直勤奋努力，学校才给了我留校的机会，继续研究化学，我也根据当时参与的各种实践活动，逐渐走上了环境保护的研究领域，后来还当选为院士。

新京报：您觉得今天的高考和当年的高考是一样的吗？

魏复盛：总的来说，我觉得现在比我们那个时候进步了很多，现在的学生知识面宽了，社会阅历也多，眼界也高。不像我们那个时候，有点儿死读书似的。不过现在投机取巧的人也多，比如，高考猜题，唯分数论，我们当时比较实在，就是踏实地掌握某个知识点。

新京报：您觉得在今天，什么样的素质是学生必备的？

魏复盛：有创新思路，既敢想，也敢做。其实现在外界对年轻人的影响也很大，一个人能不能成才，除了需要自己努力，外界也需要给予一个适宜成长的环境，正确引导他们。既不捧杀也不打杀，捧杀会让他们骄傲自满，或者因为捧而压力倍增；而在打杀那种形式下，年轻人说什么做什么，都一棍子打压下去，说他们不行，那也会彻底摧毁一个人的自信心，任何想法都难以落实。

记者手记

“努力终有成就”

“努力”这个词，在魏老的身上展现得淋漓尽致。

2021年夏天见到魏老时，他已经83岁了，每天仍在坚持工作和运动。或许正因这种规律的生活，他仍然精神状态良好，提起自己专业领域里的事情，就会滔滔不绝。

尽管已经是中国工程院院士，魏复盛坦言，过去很长一段时间里，他其实是自卑的。自卑来源于少年时期知识的匮乏，1938年他出生于一个农民家庭，弟兄姐妹一共7人，战乱和贫困是他对于童年的记忆。私塾先生好心让他免费就读后，他才真正走上了学习的道路，直到考上大学。

上了大学之后，魏复盛见到了更多优秀的人，很多他从未听过的知识点，身边的同学们都知道。“我那个时候的感觉是，自己是不是不行了。”魏复盛的失落持续了一阵子。也正是因此，激励了他继续努力。他下定决心一定要取得成功，开始了一段刻苦努力的日子。上课坐在第一排做笔记，勤学勤问，课后也认真复习。

原本想要闯过大学这一关的魏复盛，最终在自己的专业领域发光发亮。在他的名字前面，除了那些闪闪发光的名词，还有一些真正涉及人民福祉的事情。比如，魏复盛是我国首批研究PM2.5对儿童肺功能影响的人，在20世纪他便通过与国外机构的合作，对四城八校空气颗粒物PM2.5、PM10等进行监测，证实了细颗粒物空气污染对人体健康的危害。

20世纪80年代，在经济快速增长时，魏复盛观察着背后可能产生的问题。魏复盛深耕环保领域，他引领构建并推进了水质、空气、固废、土壤在全国范围内统一而实用的监测方法体系与技术规范，对国家重要的环境决策提供了科学支撑。

而如今，在国家的一系列治理之后，中国的生态文明建设取得显著成效。其中，就有魏复盛所做的些许努力，他和他的研究成果，都经受住了时间的考验。

他坦言自己从未松懈过，始终保持着努力的姿态。截至2013年，魏复盛负责组织并承担国家科技部一系列重大攻关课题，也开展与美国合作的课题研究，如“空气污染对呼吸健康的影响研究”“PAH’s暴露量及其代谢物与肺癌风险评价研究”“硼污染对男性生殖健康影响研究”等，取得了具有国际先进水平的重大科研成果。获国家科技进步二等奖两项（此两项也获得部级进步一等奖）；获部级科技进步二等奖三项；获部级三等奖一项。

魏复盛出生的家庭，并没有给他带来太多幸运。谈话中，他总感叹，自己就是靠着努力走到了今天。如今同样也作为一名教育者，他密切关注着当下。在唯分数论之下出现的高考猜题等情况，总让他有些难过，在他眼里，知识是需要踏实掌握的，是需要一点一滴积累的。

努力终有成就，在环保领域，魏复盛的名字后面，出现了很多“第一次”“填补空白”等名词。采访的时候，魏复盛已经在整理自己的回忆录，他给记者透露，回忆录的名字就叫《实干环保》。

新京报记者：汪畅　编辑：胡杰　校对：李立军

刘人怀：

高考前三天我才接到通知上考场

珍惜时间

勤奋成才

刘人怀

“朝着科学的高山，我们一路向前。”82 岁的刘人怀用这句话总结了自己的过往。

刘人怀是板壳结构分析与应用专家，中国工程院院士，现任杭州电子科技大学教授、创新与发展研究院院长；兼任暨南大学校董、教授、应用力学研究所所长、战略管理研究中心主任，并兼任中国工程院工程管理学部首席咨询专家、国家质量监督检验检疫总局标准化科学家、广东院士联合会会长等职。

1940 年 7 月，刘人怀诞生在四川成都的一个书香世家。战火纷飞的年代里，刘人怀在家庭的支持下，坚持读书，从小就成绩优异。1958 年，在温江中学“留苏预备班”就读的他，在高考来临的前三天，决定走上考场，以全校第一名的成绩考上了兰州大学。

1963 年，他从兰州大学数学力学系毕业了，开始先后在兰州大学、中国科技大学、上海工业大学和暨南大学任教。1981 年 3 月，作为中国 8 名专家代表之一，在联邦德国洪堡基金会的支持下，刘人怀作为中国首批洪堡学者，终于有机会走出国门，在西德鲁尔大学留学，他少时出国深造的梦想终于实现。1999 年，刘人怀当选中国工程院机械与运载工程学部院士，2000 年又当选中国工程院管理学部首批院士。

1965 年，刘人怀与叶开沅共同创立适于求解非线性微分方程的修正迭代法，系统创造性研究了六类典型板壳，建立弯曲、稳定和振动的非线性理论，应用于航空航天、精密仪器仪表等工程设计。

同时，创立实用厚板壳理论，在压力容器等工程中得到应用。先后参加我国东方红第一颗人造地球卫星、神舟飞船、航空母舰歼15舰载机等科研项目。

生活的际遇无法预测，刘人怀感叹自己遇到了难得的良师，在之后的日子里，他也希望托起更多向往科学的年轻人。对于那些即将走向高考的学生，他祝愿："为了更好地为国家的繁荣昌盛做贡献，要确定好未来的方向，放下包袱，发挥实力，考出水平。"

讲述

谈高考：考前三天被通知上场，高考时还在为同学服务

新京报：一开始没想过参加高考？

刘人怀：我高中就读于四川温江中学，由于成绩优异，被分到了留苏预科班。那个班级一共只有50人，我在班上是第一名，又是班长，我很向往出国学习，成为一名留学生。当时如果看成绩，基本上没问题的，毕业后可以直接去苏联留学。

最后因为种种原因，我无法保送国外，国内的学校保送也没成功。直到高考前3天，张校长和我说，我得去高考。当时完全没有复习，也没有任何准备，直接去了考场。

新京报：高考的整个经过是什么样的？

刘人怀：我们全班同学走20公里到成都去高考，考场在现在的川大附近。我们住在成都工学院，我是班长，那几天还在用饭票给大家在食堂买饭，帮大家分住宿。考试考了3天，当时也没想过

考不考得上，就想着把握好眼前的事情，上考场再说。考试时大家都很认真，一人一桌。

新京报：还记得当时的分数吗？为什么填了数学专业？

刘八怀：7月考试，8月我就收到了录取通知书。当时不公布成绩，但是等我到了兰州大学之后，老师私下告诉我，我的平均分是89.7分，是兰州大学当年的第一名，也是温江中学的第一名。这不在意料之外，我从小到大成绩都很好，都是第一名，我的父母给了我宽松包容的学习环境，从不操心我的学习。我出生在一个书香门第、教师世家，受到了很多熏陶，从小就在书房里看书看报，我至今记得小时候从家人口中听到的土味英语，印象最深的是把“beautiful”念成“镔铁壶”。

我想选一个跟科学打交道的专业，而数学是科学的皇后，我当时想，多少也和科学沾点儿边吧。就填报了当时较为偏僻的兰州大学，读数学系。

谈大学：遇到好老师，带着我攀登科学这座高山

新京报：对大学的最初印象是什么样？

刘八怀：我从小在成都平原长大，开始还是有点不适应，学校实在有点儿偏僻，我本来9月1日要到校报到，没想到前几天大雨把铁路冲断了。报到当天，我才坐上绿皮火车。两天两夜后，我才到兰州大学。那里是黄土高原，兰州又没有自来水，直接使用黄河水，我看同学倒在脸盆里的水都是黄色的，我说这怎么用？他们说放几小时，沉淀一下就好了。后来还在那里遇到过狼，真是我在成都从来没经历过的事情。

新京报：度过了怎样的大学时光？

刘人怀：我很幸运遇到了好校长、好老师。1959 年，兰州大学开设力学专业。1960 年，学校为了尽早培养出力学人才，便把我们数学专业的 9 位同学转至力学专业。当时我们的校长江隆基是从北大调过来的，有 7 个老师跟他一起过来了。其中就有我的老师，著名的固体力学家叶开泝，他的老师是钱伟长，钱伟长和钱学森是现代力学奠基人冯 · 卡门的两个中国学生。

叶开沅来了之后，开始给我们讲非线性力学，讲板壳力学。由于我一直勤奋努力，获得老师的喜爱。当时我要做毕业论文了，叶老师让我去继续研究“外压力作用下球壳的屈曲”，这是钱学森与冯 · 卡门联合署名的论文，在《航空科学杂志》发表，具有划时代意义。当时我大学都没有毕业，叶老师能指点我去研究这样一个难题，是很有魄力的。

1963 年 4 月 19 日，兰州大学数学力学系力学专业 1963 届同学毕业合影，前排中：叶开沅先生，后排左一：刘人怀。

而我也没有让老师失望，毕业后我还在继续研究，最终的确交上了一份答卷，这是很有成就感的。最后，我的研究方法还被叶老师命名为“修正迭代法”。大学毕业后我还是去留学了，从德国回来后，我被钱伟长先生挑选去担任副手，在他身边，我又获得很多言传身教。

如果不是叶老师，我一个本科生，怎么可能想到去研究一个这么具有挑战性的课题。如果不是好校长、好老师，我也不会一步步往前走，也不会有后来在板壳非线性力学上的成就。如果说科学研究是一座山，大多数人集中在山底，部分人走到了山腰，而那几个已经在山顶的老师，肯带着我往山顶走，我非常荣幸。

谈影响：决定了人生的方向

新京报：高考给您带来了什么影响？

刘人怀：回头去看，高考决定了我人生的方向。我在大学里遇到了良师，他们引领我走向真正的科研道路，最后我也成了院士。在兰州大学就读本科的学生中，我第一个成为院士。

这个考试，直到今天依然发挥着作用，人生一步步往前走，每一步都可能影响全局。

新京报：您觉得现在这个时代和您高考时的50年代，人们对待高考的态度有什么区别？

刘人怀：现在大家更重视高考了。家家有孩子，家家要面临高考。这也是因为义务教育普及了，每个家庭都开始望子成龙，为了让孩子读书，不惜成本地付出。我们那时候文盲还是很多的，能读完中学的也是少数人。

也正因如此，现在出现了各种各样的校外机构，挤占学生的时间。其实学习完公共知识就够了，重要的是找到自己的方向。

我自己开始研究管理科学后也发现，高考制度的一个小缺陷在于，它没法让偏科的天才上好学校，让他们的才能获得发挥。以我的恩师钱伟长先生为例，他叔叔是国学大师钱穆，所以他的国学功底非常扎实。当年考清华时，他以文科满分的成绩被破格录取，但是他的理科加起来只考了25分，尤其是物理只考了5分。“九一八”事变爆发后，钱老决定弃文从理，科学救国。于是除了吃饭睡觉外，全部时间和精力都扑在学习物理和数学上，后来的结果大家都知道了，他成了国际著名的数学和力学大师。如果按现在的高考制度来选拔，我们可能错失这样的天才。

不过总的来说，高考是一个很公平的制度，通过考试来让大家选择人生方向。

新京报：今天，什么样的素质是学生必备的？

刘人怀：诚信，这是人最基本的品质。面对任何事情，都应该诚信，考试要诚信，做人要诚信，做事也要诚信。面对自己，也要诚信，要知道自己真正想要的是什么。

新京报：有什么话想对今天的考生说吗？

刘人怀：为了更好地为国家的繁荣昌盛做贡献，要确定好未来的方向，放下包袱，发挥实力，考出水平。

记者手记

“大学是走向科学道路的开始”

“这些工作体现当代国际板壳理论领域科学工作现状的最高水平。对实际工程有十分重要的意义。”世界著名力学家帕纳吉奥普洛斯（Panagiotopoulos）曾这样评价刘人怀所做的工作。

现年82岁的刘人怀，乍一看是位精神矍铄的老人家。他和蔼可亲，接到约访电话的时候，几乎是一口答应并约好了时间。他也严谨认真，讲起自己所在领域的专业名词，总要一字一句地说明清楚，甚至精准到每个字的写法。

作为我国板壳结构理论与应用研究开拓者之一，刘人怀在这一领域的贡献是卓越的。他坦言，大学是他走向科学道路的开始。提起那段生活，这位儒雅的老人在电话那头娓娓道来：“如果说科学研究是一座山，大多数人集中在山底，部分人走到了山腰，而那几个已经在山顶的老师，肯带着我往山顶走，我非常荣幸。”

高考于刘人怀而言，是当年的退路。但放眼一生来看，却是他走向科学研究的起点。1958年夏天，刘人怀以全校第一名的成绩考上了兰州大学。或许正因为持续不断的努力，他被授课老师叶开沅相中了，叶开沅是我国著名的固体力学家，他的老师是钱伟长，而钱伟长和钱学森则是现代力学奠基人冯·卡门的两个中国学生。毕业前夕，在叶老师的指点下，刘人怀开始继续研究“外压力作用下球壳的屈曲”，并且以此作为毕业论文的课题，这是钱学森与冯·卡门联合署名的论文，在《航空科学杂志》发表，具有划时代意义。

大学的生活磨砺了刘人怀，作为南方人，他首次见识到了满是风沙的大西北，那时的兰州大学没有自来水，只能直接使用黄河水，同学倒在脸盆里的水都是黄色的。虽然生活有落差，但刘人怀很快开始重新投入了新的学习生活。

提起这些，刘人怀几乎有说不完的话。那时，作为一名尚且涉世未深的本科生，刘人怀从未想到，自己就这样在力学的道路上越走越远。他总感叹自己遇到了良师，才得以获得这样的成就。也正是在这些老师的指引下，刘人怀也决定走进校园，领着更多向往科学的学生，往高山攀登。

后来，刘人怀接触了管理科学，开始思索起教育的意义。对于个人而言，知识的积累可以改变人生的方向，对于国家而言，是在不同方向努力的国人在推动国家繁荣昌盛。他明白，在如今的教育体系下，应试是孩子们不得不面对的难关，他认同高考的意义，“高考是一个很公平的制度，通过考试来让大家选择人生方向”。

想起自己经历的那场高考，刘人怀总感叹自己的幸运。虽然临考前3天，他才接到上考场的通知，但一向成绩优异的他，依然取得了全校第一名。不过尽管如此，他还是无缘理想学校北大清华，而是去了“第七志愿”兰州大学。言语之间，刘人怀从未对当时的变动有任何抱怨，他甚至从未去设想另一种生活。命运给他什么，他都接住了，然后在新的生活里奋勇向前。

无论生活的际遇是怎样的，朝着一条道一直往前走的人，一定会有所收获。

新京报记者：汪畅　编辑：胡杰　校对：李立军

李曙光：

高考不是结束，是人生新的起点

放下包袱，轻装前进。

静心聚神，考出水平。

李曙光

传统观念认为，当下时代是仓促的，成名要趁早。但李曙光笃信，只要努力，每个人都能“成器”。在与中学生交流时，这位如今已到耄耋之年的老人幽默地以荷花自喻：“春天山花烂漫时，我在水中眠；夏天才露尖尖角，迟开也鲜艳。”而他的人生奋斗历程，为这句话提供了鲜明的注脚。

出生于普通职工家庭，李曙光较早地接触社会百业，艰苦的劳动激发了他的学习斗志，中学时期，成绩始终名列前茅，最终考入中国科学技术大学（下称中科大）地球化学专业,1965 年毕业后留校任教。

受中科大早期“红专并进”校训精神的影响，李曙光探寻半个世纪，试图揭示地球演化的真相。

在 1976 年至 1980 年的国家铁矿科研会战中，关于“弓长岭东南区深部是否存在富矿”问题争论不休，李曙光作为中国科学院鞍（山）—本（溪）队黑富矿研究组长，通过“趋势面分析”多元统计方法，预测弓长岭东南区第 25 勘探线海平面以下 500 米处存在富矿，并被钻探验证成功，最终在预定深度打出 13 米厚层的富矿。

这是李曙光首次参与国家重大任务，也掀开了他的科研生涯新篇章。他和团队应用 C 同位素证明弓长岭富磁铁矿石中的石墨为菱铁矿变质分解成因，据此提出该富铁矿床成因的新模型。由于该工作为查明黑富矿成因及扩大富矿储量做出了重要贡献，因而获得 1978 年科技大会重大成果奖和 1982 年中国科学院科技二等奖。

在国家公费资助下，1983 年，李曙光前往美国麻省理工学院地球与行星科学系进修访问，3 年后回国，他花 20 年时间研究变质同位素年代学和大陆深俯冲化学地球动力学，发现和证明榴辉岩中多硅白云母存在大量过剩氩，以及测定出榴辉岩及其围岩具有一致的两次快速冷却曲线，是最早测定出大别山榴辉岩年龄的人，62 岁时成为中国科学院院士。

如今，已经 80 多岁高龄的他仍然活跃在科研一线，古稀之年在中国地质大学（北京）搭建了同位素地球化学实验室。

虽然成就众多，但李曙光深知，科学家不应该追求名利。他呼吁："让我们身体力行，培养我们的学生具有良好的科研道德素养。"在他的公式里，科学家的声誉 = 学问 + 为人，而科学家的良好声誉需要用心呵护，如同鸟儿的羽毛。

讲述

边读书边做工的中学生

新京报：您的求学经历是怎样的？

李曙光：我 1941 出生在陕西咸阳，抗日战争结束后，全家搬到天津。那时候家里条件不好，哪个学校便宜就去哪里上学。

1952 年之前，我在一所破旧校舍里读了三年私立小学。我记得，当时的语文老师会叫不会背课文的学生挨板子。我的成绩一直靠后，我基本上每次考试都拿"大丙"，相当于刚刚及格。我妈老说我，"小时候傻乎乎的"。

新京报：后来学习环境有变化吗？

李曙光：1952 年，国民经济在恢复中，国家飞速改变。一个重要变化是，原来的私立小学都变成了公立，上学不要钱了，我也不用担心学费的问题了。学校环境和教学质量也提高了，从那之后，我的学习成绩也慢慢好了起来。

新京报：那个年代的校园生活和现在有什么不同？

李曙光：我的中学时代正好赶上了社会主义改造时期，学校推行教育与生产劳动相结合。我们十七八岁的中学生，周末的时候都得去工厂或工地劳动。比如，挖河道和排污水的下水道，到工地搬砖、当小工。印象最深的是我到缝纫机厂做铸工，拎着 18 磅重的大锤把铁块砸开，一天干下来，浑身都是黑沙子，脸上也黑乎乎的。

新京报：这些劳动会影响到学业吗？

李曙光：没有，多是周末劳动。后来回想起来觉得，劳动能了解社会，强健身体，锻炼吃苦耐劳的精神，也是学习的一部分。高中时期，每天 7 点上早自习前，我会围着操场跑 3000 米再去教室。晚上下晚自习后，我一个人去团委办公室再学一个多小时，然后摸黑回寝室。

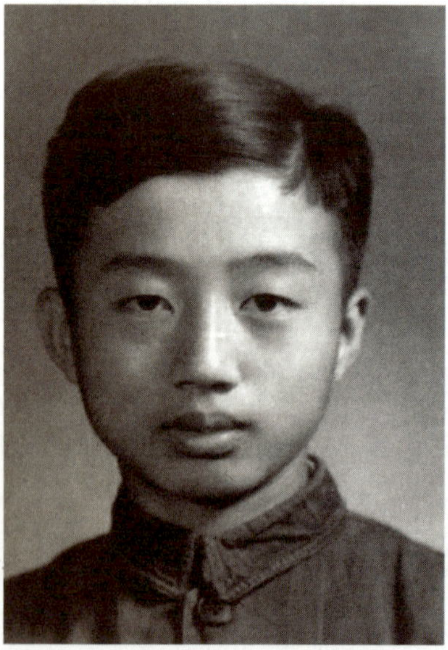

李曙光 1960 年高中毕业时的照片。

带着毛巾、扇子上考场

新京报：关于高考，您有什么印象?

李曙光：1960 年夏天，我参加了天津高考。

这里有个小插曲。我原本是理科生，学校有两个留学苏联的名额，一个理科，一个文科。离高考只有一个多月的时候，校长找到我和另一个理科班上成绩不错的同学，推荐我们二人报考留苏预备生，但其中一人要报考文科。

我们俩都是理科班的，谈话的时候，十几分钟都没吱声，校长也很为难，后来我只好主动让步，选了文科。我不喜欢文科，但也想争取一下留学的机会，就把历史、地理课本重新捡起来，玩命地背。

结果，考前一个礼拜，校长突然通知我，文科留苏生不派了，我只能在国内参加高考，就还是选了更擅长也更喜欢的理科。

新京报：考试过程怎么样?

李曙光：当时的考试很严格，连草稿纸都是考场统一下发的，我只带了一支钢笔就上了考场。当时天热，考前我休息了一天，就是熟悉考场和到公园游玩。由于考场没有电扇，我第二天就从家里拿了一条毛巾和一把扇子。

试卷发下来，我扫了几眼后就觉得，没有能难倒我的题目。考的知识点都来自课本，我答得很顺利。唯一没把握的就是语文作文了，题目好像是“最有意义的一天”，我写了自己的一段真实经历。

不光是我，出考场后，同学们的精神状态都不错，笑眯眯的，应该都考得很好。

新京报： 最终考得怎么样？

李曙光： 我们那个年代不查分，直到 2019 年，我才在母校中科大的校史馆第一次看到当年这张泛黄的高考成绩单，物理考了满分，数学是 92 分，此时距离我参加高考已经过去了 60 年。

告别“造飞机”的梦想

新京报： 学生时代，您的人生志向是什么？

李曙光： 我家离新华书店不远，上小学那会儿，我养成了去书店看书的习惯，经常从下午放学一直看到天黑。有两本刊物我一期也没落下，就是《科学画报》和《知识就是力量》，上面会介绍许多科普知识，我很感兴趣。

中学时，我加入了天津少年之家的航模兴趣小组，当时就很想上大学读航空专业，以后当一名飞机设计师。

新京报： 后来愿望实现了吗？

李曙光： 那个年代的学生，考大学不考虑学校在不在大城市，能不能找到好工作，大家都想毕业后去研究国家重点工程项目，投身国家建设，像国防、军工相关专业在我们心目中分量很重。

一开始，我想报考北航，但是中学校长建议我报考中科大，因为著名的空气动力学家钱学森先生是这所学校的力学系主任。虽然我当时不懂啥叫空气动力学，但是一听到钱学森的名字就很激动，果断把志愿改到了中科大。

后来我被录取到了中科大的地球化学专业，而不是之前期待的力学系。心里有点儿失落，报到那天一晚上没睡。后来觉得，学校既然设了地球化学专业，肯定也是国家需要的，慢慢地就释怀了。

新京报：您的大学生活是怎么度过的？

李曙光：我上大学的 20 世纪 60 年代，中科大还在北京。入校前，家里给了我一个旧手提箱，我拿了几套换洗衣服和生活用品，捆上被子，就上了火车。

那个时候的中科大学生，入学后都拼命学习，很多人从晚自习通宵学到第二天早晨上课。毕业时，大家想的不是找一份工资待遇不错的工作，而是考虑能为所学学科的进步做点儿什么，能否用专业所学为国家做点儿贡献。

“高考不是结束，是新的起点”

新京报：毕业后您做了什么？

李曙光：我学的地球化学专业是一个交叉学科，是从化学的角度研究地球。因为地球科学面对的是地球，相比于人类，地球的历史长达 45.6 亿年，你只能根据残存的地质遗踪去恢复地球演化历史；另外，地球又很大，你看不见地下深部的东西，只能用间接的手段观察深部。因此地球科学的未知领域很多，有待我们去研究。而通过我们的研究，可以让人类知道并改善自己的生存环境。

那个年代就业包分配，我的意向就业地点都填在了偏远地区的生产科研一线，但学校考虑后，把我留在近代化学系地球化学教研室任教，同时也做科研。1976 年以来，接手国家级的科研项目，也取得了一些研究成果，很有成就感。

新京报：您现在 80 多岁了，还保持着科研的热情，是如何做到的？

李曙光：我在大学校园里工作了 50 多年，尽管已经过了退休年龄，但我觉得自己还可以做些事情。现在我在中国地质大学（北京）的支持下，搭建了同位素地球化学实验室，这是我 70 岁之后干的事。

新京报：对现在的年轻学子有何期待或寄语？

李曙光：可以说，高考提供了改变命运的一种可能。高考不是结束，而是人生新的起点。

我带过一代又一代的学生，我常常告诉他们，科学研究的目的是认识自然界及其运行规律，需要全面细致地观察，不是空想出来的。当你能够用专业所学解决实际问题，才能走得更远。

一代人有一代人的历史使命，我们改变了祖国一穷二白的面貌，但要实现社会主义现代化，成为发达国家，还有很长一段路要走。这是你们青年一代的使命，必须努力学习科学知识，要站在更前端的位置去观察世界，做好艰苦奋斗的准备。

记者手记

“他是一个相对比较纯粹的科学家”

在网上搜索“李曙光”，如果不添加“院士”前缀，你会发现，这个名字的辨识度其实并不高，但在地球化学界，尤其是变质同位素年代学领域，恐怕没人不知道他。

作为中国红色科学家群体的代表人物，李曙光1983—1986年在美国麻省理工学院进修期间，凭借科学方法，测定大别山榴辉岩的年龄是240百万年，属于三叠纪初。这一年龄对于指示华北和华南陆块碰撞时代具有重要意义，在此之前，华北和华南陆块的碰撞时代曾长期存在争议。

直到20世纪90年代，国内引入高精度离子探针设备，这个争议了10年之久的定年结果，才慢慢被学界接受，甚至还吸引了近10个国家的科学家进驻大别山，一场科研竞赛就此展开。

那个年代做科研，条件艰苦。李曙光回忆，当时每个样本都到野外采集，和团队经历过石头险些砸到头顶的危险，白天忙着建实验室，晚上要照顾小孩，9点半以后才有时间看文献，为了和国际同行竞争，别的项目他一概不接，就为了集中力量打“歼灭战”。

“他是一个相对比较纯粹的科学家，除了基本需求以外，整个生活的关注点都在科研这块，永远都在关注科研问题。”在一档专访节目中，李曙光的一位同事如此评价。

这种纯粹背后，是一位科学家对真理的执着追求，也是藏在骨子里的韧劲。功夫不负有心人，凭借在超高压变质岩年代学和大陆碰撞化学地球动力学研究领域的开创性贡献，李曙光2010年获得国家自然科学奖二等奖。

当时代的车轮滚滚向前，人类经历过为资源而找矿的阶段后，现在不得不面临全球气候变暖的问题，地质学界也被赋予新的历史使命。李曙光敏锐地意识到，需要做出改变了，“作为一名地球工作者，我们要不断深入提新的问题，敢去碰有争议的硬骨头。”他常说。

李曙光是这么说的，也是这么做的。如今80多岁的他，仍然带着团队利用非传统金属稳定同位素，研究深部碳循环，试图寻找大气中二氧化碳增加的地质因素。即便早已过了退休年龄，他从不缺席与学生的会议。为了方便指导学生，他的办公室靠近同位素地球化学实验室，因为年岁已高，他的眼睛越来越不好使了，这些年，他一直在高桌旁站着办公。

如果不是有兴趣做支撑，谁愿意走这条孤独的科研之路呢？为了解答心中的困惑，我联系到了李曙光院士。

采访那天，李曙光院士穿着灰色短衬衫，几丝白发梳得干净而整齐，坐在中国地质大学（北京）逸夫实验楼的办公室里，他真诚地讲述了自己的高考岁月和科研生涯。他说，光有专业兴趣是远远不够的，还需要钻研基础知识和科学的实验技能，只有产生了成就感，才能在这条路上走得长远。

在外界眼中，院士身上多少带了些神秘色彩，是世俗眼中的“天才”。不过在《院士高考回忆录》的采访中，我发现，李曙光院士其实靠的是敢于吃苦与甘于奉献等优秀品格，这正是我们中华民族自古以来所弘扬的，即使在当今时代也并不过时。

高考填报志愿时，李曙光的梦想是做个飞机设计师，结果被分到了地球化学专业，在那个年代，这还是一个冷门专业，很多同学想方设法转系，“有的说自己色盲，学不了化学，就转成功了”。李曙光心情复杂，但没有那么做。

他给出的理由是，地球化学专业也是国家所需要的，当时对这个专业无感，恐怕是因为自己不了解。为此，他勉励高考学子们，所谓“专业兴趣”，其实可以通过学习和钻研培养出来，而并非天生而来。

说起这些时，申请入党的经历李曙光历历在目。当时，18岁的他找到一位高三毕业生作为入党推荐人，对方问他：“你为什么要入党？”李曙光说，他小学五年级就加入少先队，后来参加共青团，从一个成绩差生变成全面发展的好学生，组织让他得到了锻炼和成长，这番话并未打动推荐人，反而告诉他：“你入党动机不对。”

直到第三次申请，他才想明白，党员不能只为自己着想，还得有奉献和牺牲精神，要时刻做好为共产主义事业奋斗终生的准备。进入大学后，他放下心结，刻苦学习专业知识，还被评上中科大优秀毕业生。

从那一刻起，李曙光的个人命运和国家命运，就再也分不开了。

新京报记者：金贻龙　编辑：李明　校对：刘越

翟明国：

不凭兴趣做选择，每个专业都有无穷的秘密

坚持就是力量

翟明国

50 多年前的今天，20 岁出头的翟明国在偏远的西部地区度过了 5 年艰苦岁月。当时的新疆伊吾军马场上，天山北边高寒地区，冬天气温可达零下三四十摄氏度，夏天也需要穿棉裤，住着用土块垒的屋子，难以保障的食物、交通的不便捷……

在此之前，翟明国长期和父母在北京生活，中学时代就读于人大附中，得过金、银质奖章，高三毕业前就加入了中国共产党，由于在校期间的优秀表现，获得了北京大学国际政治专业的保送名额。然而，没过多久，“文化大革命”爆发，他的命运轨迹从此改变。没能去北京大学报到，1968 年他以知青的身份去到了新疆伊吾军马场。

“牧马工作本身辛苦，也不乏危险，高寒地区粮食和蔬菜也得不到充分供应，遇到断粮时，甚至只能吃几口马料充饥，总之‘当时是各方面都艰苦’。”但翟明国称那段生活刻骨铭心，“我把军马场的经历，一直看作高尔基所描述的‘我的大学’。”

本以为要一辈子待在军马场，上大学的机会再一次给翟明国的命运带来转折。1973 年，翟明国所在的军马场被分配到了几个国家招收工农兵大学生的名额，翟明国获得了推荐资格，并最终以哈密地区第一名的成绩被西北大学地质系岩石矿物专业录取。

“能上大学对我来讲是天上掉下来的好事。”翟明国牢牢抓住这次学习的机会。本科毕业后他先留校任教了几年，等到研究生制度恢复，他又考到中科院去读研，然后再读博深造，此后便一直在地质学领域研究深耕。

50多年后的今天，历经磨砺的翟明国已经是知名的前寒武纪地质与变质地质学家、岩石学家，也是中国科学院院士，第三世界科学院院士。翟明国持续在地质学相关领域深耕，先后获得国家自然科学二等奖两项，中国科学院自然科学一等奖一项、二等奖两项，国土资源部科技创新一等奖两项，教育部自然科学一等奖一项，何梁何利科学技术（地球科学）奖。

讲述

军马场艰苦牧马五年　工农兵招生重获上大学资格

新京报： 您是1973年9月进入西北大学地质系学习。那时候中国的高考制度还没有恢复，您是怎么样获得上大学资格的？

翟明国： 我出生在河南，两岁和父母到了北京，是在北京长大的，“文化大革命”的时候我在北京人大附中读高三。1968年我以知青的身份去到了新疆伊吾军马场，做牧马工作。我在军马场工作了五年多，当时那里实行的是不搞“四大”的半军事化管理。

1977年正式恢复高考前，中断多年的大学从1972年开始从工厂、农村和基层单位招收学员，叫工农兵大学生。招收方式是先由单位推荐，再有文化课考试。当时有招生资格的大学不多，总的招生名额也不多。

伊吾军马场那时候北京去的知青有一百多人，乌鲁木齐的知青也有近七百人，1973年新疆给伊吾军马场分配了几个招生名额。知青们听说有了重新上学的机会，都很兴奋，虽然名额这么少，大家也都踊跃报名。各连队各部门“单位推荐”了几十个人，去参加哈密地区统一组织的“高考”。我幸运地被“推荐”参加考试，并且也幸运地被录取了。

新京报：当时的考试是什么样的情况？

翟明国：当时考了好几门课，语文、数学、物理、化学、政治等都有，多数都是中学里学的知识，和现在比起来比较容易，但是好几年都没看书了，也没有什么复习教材，可能有人弄了一点儿有关知识的卷子之类的，大家传着看一看就去考试了。准备的时间很短，记得七月考试，大家也就在五六月才知道这个事。

当时那边的北京学生也挺多，但我是老三届中年级最高的，已经读完高三的全部课程，“文化大革命”正式开始时我们已经完成了毕业考试，是在高考的复习阶段。考试题对我来说不是很难，虽然没怎么复习，记得没有碰到觉得不会答的题，是不是都对了也不知道，没有公布分数。后来到了大学后，西北大学去哈密招生的贾老师告诉我，说我考得最好，哈密地区第一名。

新京报：上大学之前那一段生活是什么样的？

翟明国：伊吾军马场的条件很艰苦。它的最低海拔都在 1500 米以上，是高寒地区。我们放马的地方在东天山北边的巴里坤草原的东端，冬天冷的时候能到零下三四十摄氏度，6—8 月下雪也很常见。我由于是在牧业班，流动性大，夏天放马多在山上，整个夏天我都没有脱过棉裤。这些棉裤还是部队抗美援朝时候的旧军装，“价拨”（折算钱）给我们。住的条件也很差，是我们自己打土砖土块垒的屋子，有的地方夏天就是住帐篷。常年没有条件洗澡，身上都是虱子。

军马场交通不便，蔬菜得不到充分供应。基本的蔬菜只有土豆、洋白菜和洋葱头。工作很艰苦，养军马是为了国防安全，需要科学育种、科学养护、科学训练，达到部队的实战要求。环环都很重要，特别是艰苦的环境对马的耐苦性的养成是必需的条件，例如，在风雪里的适应力和用蹄子刨雪吃草的本领等。这种环境给牧马人带来的艰苦是一般人不能体会的。放马和训马也都有危险。俗话是“上马三分死”。

我父亲是较早参加革命的干部，我就是生长在“文革”中所说

1970 年，翟明国在军马场。“那段生活刻骨铭心”，所以当上大学的机遇再一次来临时，翟明国把握住了，并一路不断攀登。

的"革干"家庭。小时候不觉得生活有多好，但是没有受过艰苦的磨炼，比很多人的生活条件还是优越的。所以后来对于军马场生活的艰苦体验，可以说是刻骨铭心，我才体会到国家的安全和建设是需要许多平凡的人奋斗和牺牲才能换来的。

我在后来给中小学校做报告时讲过，说那段经历是人生的课堂，缺了这样的课堂是遗憾的。高尔基的人生三部曲，有一部是"我的大学"。他说他在喀山的求学路上，要饭、当学徒，看到了社会的底层，那才是他的大学。我把军马场的经历，一直看作高尔基所描述的"我的大学"。

不单纯依赖"兴趣"选专业
主动去攻克难题自然有成就感

新京报： 您当初是如何选择大学的？专业又是怎么考虑的？

翟明国： 当时"文革"后期的"工农兵"大学生，招收学员的大学不太多，专业应该是考虑最急需而设立的。每个专业能招多少人和分配到各地区的招收名额都是统一安排的。

当年我报考大学时，在新疆伊吾军马场招生的，除新疆的新大、医学院和八一农学院有几个名额外，在"关（嘉峪关）内"的学校只有西北大学岩石矿物专业 1 人，西安冶金建筑学院采矿专业 2 人，北京工业学院 1 人，还有个别学校我记不清了。在报考专业时我担心父亲在"文革"中还没"解放"，北京工业学院的专业与军工有关，我就没敢报，害怕政治审查不合格，所以就选了西北大学的岩石矿物。因为西安离家更近，具体专业和将来的就业，在当时基本没有想过。

要问我是如何选择了地质专业，我的回答是，不是我选择了专业，而是专业选择了我。当时的学校、专业和名额本来就是“戴着帽子下来的”，而采矿、建筑、医学、地质等到底哪个专业好，我本身没有特别明确的概念。当时我已经在军马场5年，忽然有了重新学习的机会，满脑子都是追求知识的渴望，没有多想专业之间的差别。

另外，我从小受到的教育都是讲究奉献，脑子里确实也没有个人的专业和前途这方面的过多想法。一个社会离开各行各业就无法运转。当时我们在新疆，虽然条件艰苦，但是知青中没有人说不想干活、不想劳动，我们认为自己就是那里的一分子。

在高考复习阶段学校告诉我，我已被保送到北京大学的国际政治专业，后来“文化大革命”开始就一切高校停止招生了。曾经有人问我，如果当初你学了国际政治，是不是会比你学地质学前途更好？我说我不知道，这种“假如”的问题也没有意义。所有的专业知识对个人而言都是财富，你在你的领域都可以找到应该去的方向，社会是需要各行各业来组成和支撑的。

新京报：当时怎么从新疆去的学校？刚进入大学时是什么感受？

翟明国：当时西安冶金建筑学院还在伊吾军马场招了两个采矿专业的学生，他们也都是北京知青。我们三个一起坐火车去的西安。在哈密上火车时有许多军马场的干部和职工在火车站送行，车上车下大家都依依不舍又满怀希望和祝愿。问我刚入大学是什么感受？能上大学对我来讲是天上掉下来的好事，一切生活和环境都变了，从辽阔的草原和高峻的山峰，到了千年帝都，有了优雅的校园和教室，心里想的就是好好学习吧。

新京报：本科毕业后看到您先留校任教了，什么时候开始培养起对于地质学的热爱呢？

翟明国：很多人都问我“什么时候培养起对地质的热爱”这个

问题，我觉得这个问题应该是个不存在的问题。你学了这个专业这门知识，你利用你的所学来做事情不就是天经地义的吗？

一个流行的说法是“从事科学要靠兴趣”。这话我觉得需要辩证看待。如何在从事科学的教育中去引导学生的兴趣，是对教育者讲的。而对于从事科学的人而言，“科学是老老实实的学问，来不得半点儿虚伪和骄傲”。科学的动力来自对解决科学难题和生产技术难题的责任。解决难题本身是一种劳动或者是战斗，是艰苦的过程。所以我觉得不存在感不感兴趣的问题，你感到某领域有难题，那你就去做，把这个问题解决一部分，往前走一步，你就会得到一种成就感，就是乐趣。做什么事情都是这样。

新京报：您1979年7月考取中国科学院地质研究所硕士研究生，后面又读了博士学位。离开任教学校继续深造，是怎么考虑的？

翟明国：想要把事情干好，肯定要不断地学习。后面国家先是恢复了高考制度，之后又恢复了研究生制度，有了研究生学习的机会，那自然就继续去学习。

新京报：一路求学过程中有没有对您影响比较深的人或事？

翟明国：我在人大附中的时候，当时学校还有另一个牌子，就是中国人民大学工农速成中学（人大预科），预科班学生中有个叫屈银华的登山英雄，他给我讲述了当年中国登山队员攀登珠穆朗玛峰，在最后陡峭路段艰险遇阻，队友刘连满甘当人梯，把氧气让给队友，让队友踩着他的肩膀跨越第二台阶并最终成功登顶的故事。

很多人对我都有影响。但这个故事让我明白，人的一生中，也可以是用肩膀驮着别人上去的那个人，那个人和登顶的人同样伟大。搞科研也需要“人梯精神”，这也是团队精神。很多事情都是需要团队一块儿来做。

做科研要有“人梯精神”
科学团队必然代替“科学大师”

新京报： 您的科研生活是什么样的？研究地球和地质最大的意义是什么？

翟明国： 地质科学的一个特点是科学实践，也就是实地的考察。我们要去野外攀登千山万水去考察千奇百怪的地质现象。另外一个是科学实验，在实验室通过技术平台进行研究，通过实验测试获得数据，这包括室外观测平台。还有一个就是学术交流，观察的东西和获得的数据需要通过交流和讨论才能助推更大的成果。现在是大科学时代，特点是多学科交叉，我强调科研的“人梯精神”，就是呼吁科学的无私合作，科学团队必然代替“科学大师”，要呼吁为国家为科学的献身精神和团队精神。也希望媒体能更多宣传科学精神。

研究地球科学的意义有三个层面。首先，是认知地球本身。只有先把地球的来龙去脉、前世今生及其未来的演化规律搞清楚，才能在此基础上更好地去做其他事情。其次，人类在地球上生活，离不开各种资源，研究好地球才能更好地开发和利用资源。再次，人类的生存离不开一个良好的地球环境，需要弄清楚其环境的演变是什么控制的，如果弄不清楚，那就根本没办法谈保护。

新京报： 您提到过，地球已经是一颗46亿岁的球体，地球的内部能量，按照放射性同位素的衰变计算，再有四十多亿年就放射完了，能量就耗尽了，地球也就凉了，“死亡了”。那个时候各类地质活动也就停止了。假设那一天到来，那时候的人类何去何从？

翟明国： 万事万物都有生有死，地球也有生有死，这是基本规律，我们要先意识到这件事情的存在。

不过我们也不必杞人忧天。人类有文明的记录也还不超过一万年，这个时间长度跟后面地球几十亿年的时间比，还差得很远很远。科学是不断往前发展的，人类的认知也是不断往前发展的。

新京报：如何看待人类移居火星这类设想？

翟明国：到火星上生存这个想法是胡扯的。火星表面平均温度在零下 60 多摄氏度，没法生存。不同的行星它本身能量不同，有的行星的能量已经散失完了，有的星球还没散失完，地球还有几十亿年的能量散失的过程，按照目前的知识积累推测，火星相当于地球十几亿年以后的形态，所以人类移居火星是不可能的。它是一个美丽的谎言。

新京报：去年您在抖音上做关于地球和地质相关知识的科普，有哪些感受？

翟明国：与一些发达国家相比，中国民众对于地球的了解认知不够，我希望推动有关部门注意，特别是教育部门怎么能够把这些课程更多地开放给青少年，或者变成必修知识。

新京报：您的科研成果非常丰厚，如何才能持续做出科研成果？有哪些必备条件？

翟明国：要充分关注、研究和掌握科学发展动向与前沿。要提倡团队精神，以适应大科学的时代。而想要培养团队精神，还需要有好的考核制度。如果考核制度只鼓励个人奋斗，那么很难有团队精神。国家层面也必须有前瞻性的预判和布局，要把基础研究和国家的发展结合好。

新京报：您还有什么话想对今天的年轻学子说？

翟明国：学习是最大的精神财富。抓住机遇，努力学习，我觉得有这一点就可以了。

记者手记

从边疆军马场牧工到地质科学家

这是我第一次采访翟明国院士，他的涵养与格局都让我很受触动，原本计划采访时间是一小时左右，最后不知不觉聊了两个多小时。一位在地质学相关领域的代表性人物、学科带头人，也是一位有着丰厚人生经历的老者，讲述自己一路走来的心路历程，和蔼可亲，谆谆告诫，娓娓道来。他的求学和科研经历，讲述了在当时的大时代背景下，一个青年如何从一个边疆军马场的牧工，投身于地质学，之后几十年为国家科学发展不断贡献自己的力量，同时也自我造就的故事。

最开始分到报社采访任务后，我去网上检索他的单位和联系方式，预想着可能需要一番周折才能够联系上他本人。我找到了一个他办公室的座机号码，拨通之后，下意识以为会是他办公室的助手工作人员在接听，就简单说明来意然后问对方能否帮我传达给翟院士，电话那端说，他就是（本人）。这让我很意外也很惊喜。在介绍了这次院士专题策划以及采访需求后，翟院士爽快地给了我他的私人联系方式。

我在后面的采访中了解到，翟明国当初入读西北大学地质学系，此后数十年他坚守在这个领域，不断地学习、研究和深耕，且结出了累累硕果。我好奇他对于地质学的兴趣和热爱是什么时候培养起来的，以及他从事科研几十年的心路感受。

翟院士说，不是他选择了专业，而是专业选择了他。他在采访中反复强调，自己不认同单纯“根据兴趣选择专业”。每个专业都对应着社会的需求，每个领域都有其学问所在，选择了就努力去做，去解决其中的难题。体验艰难的路上不会是幸福的，突破困难解决问题之后自然会有发自内心的喜悦。

这是采访中对我触动最深的一点。关于选择的议题，一直都在被讨论，也始终有意义。

他之前在新疆的军马场度过了5年艰苦的牧马生活，之后重新有了读大学的机会。他说，当时大家都很珍惜来之不易的读书机会，非常努力。之后继续读研读博，持续学习，日益精进。

在最后被问及给年轻人的建议时，他的话也很简单直接："学习是最大的精神财富。抓住机遇，努力学习。"

他一直赞扬"人梯精神"、奉献精神，强调团队协作、学科交叉在今天这个大科学时代的重要性。他还建议年轻学子不要只讲究自己的个人前途，也要把为社会服务放在心中。

这次采访准备中，我也感受到了地球科学这门学科的神奇和魅力。地球46亿岁的年龄、几十亿年漫长而缺少生命的前寒武纪时期，华北地区的古老大陆地壳，地球的过去和未来的地球……虽然才只是寥寥接触一些资料，但已然给我打开了一扇新世界的大门。

新京报记者：孙文轩　编辑：陈莉　校对：柳宝庆

胡海岩：

两次选择改变了我的人生

人生犹如马拉松

心态放松一路赢

胡海岩

1977年12月9日上午，济南市第一中学的高考考场里，21岁的胡海岩面对着作文题目“难忘的一天”，认真地书写下了高考当日的感受。那时他还不知道，这一天不仅是难忘的，还是足以改变人生的。

胡海岩的高考和入学经历颇有些曲折。1977年国家恢复高考，他在家人的劝说下，踩着截止时间报了名。拿到录取通知书后，看到不是自己所填报的专业，心情不畅，竟把通知书搞丢了。如今已经成为力学家、中国科学院院士的胡海岩回忆起这段经历，仍然有些不可思议。

在那个没有选择的时代，胡海岩认为自己的两次选择改变了人生，一是参加了高考，二是大三时选择转到力学专业。那一年，著名力学家钱伟长到山东工业大学讲学后，学校决定恢复力学专业。胡海岩申请转入该专业，从此开启了40余年与力学相伴的生涯。

1988年，胡海岩在南京航空航天大学固体力学专业获得博士学位，此后留校任教。1992年5月，他携妻女到德国斯图加特大学力学研究所任研究员，从事非线性动力学研究。两年的留学生活，使他大大开阔了学术眼界。1996年至1997年，胡海岩在美国杜克大学机械工程与材料科学系任客座教授。

回国后的胡海岩，开始担任起学者和学校管理者的双重职责。1998年，胡海岩任南京航空航天大学副校长；2001年，胡海岩出任南京航空航天大学校长。2007年，胡海岩接到了新的任命，担任北京理工大学的校长。同年，胡海岩当选中国科学院院士，2010年当选发展中国家科学院院士，2012年获何梁何利科技进步奖，2015 年获俄罗斯莫斯科大学名誉博士。

从济南到南京、再到北京，从力学到航空、再到航天，从学者到校长、再回归学者，胡海岩将自己“没有选择的选择”做出了“一天比一天好”的精彩。

讲述

曾在包装材料厂做机修工人

新京报：您参加高考前的经历是怎样的？

胡海岩：我出生在上海，后来随父母到山东济南。我父母是山东医科大学的教师。“文革”开始后，他们都被打倒了。父亲去世以后，母亲去了外地的“五七干校”。我还有个姐姐，她 16 岁就下乡了。我从 12 岁起，就独自一人生活。

“文革”期间，山东的中学教育不分初中和高中，是“五年一贯制”。1969 年，我进入中学学习时，社会环境还比较混乱。1971 年后，狂热的社会环境开始降温，学校教育稍微正规化了一些。我们的班主任徐丽英是数学老师，特别关心我们的成长，鼓励我们认真学习。有一次，她和教我们年级的其他数学老师商议，在布置作业时加了一道选做题，希望我们试试。几天后，徐老师上课宣布：“这次全年级有一个同学解出了这道选做题，他是我们班的胡海岩。”这件事对一个孩子来说，是很大的激励。

1974 年我高中毕业，进入济南医药包装材料厂做机修工人。当时的国家政策规定，每个家庭可有一个子女留在城里，其他都下乡。由于姐姐已经下乡，我自然留城等待分配工作。

青年求学时代的胡海岩。

赶在截止日期前踩线报名高考

新京报：您是如何得知恢复高考的消息的？

胡海岩：1977 年 10 月底，我正在连云港和苏州出差。母亲突发脑血栓病，她的同事打电报叫我回到济南。几天后，母亲的同事来医院看望她，提起恢复高考的事儿，还说报名马上就要截止了。

我在中学的学习成绩非常好，母亲和姐姐都建议我报名参加高考。恰好厂领导来医院慰问我母亲，我就征得领导同意，去济南市历下区工业局报了名。据说，10 月中旬报纸上就刊登了恢复高考的消息，适逢我在外地出差。因此，是母亲生病才使我得知高考的消息，也是母亲动员我赶在截止日期前报了名。

新京报：您是怎样进行考前复习的？

胡海岩：高考对我来讲不是耗费精力的事情，也不是有精力投入的事情。首先，我没有复习时间，白天正常上班，下班去医院探望母亲，只能在晚上备考。其次，我没啥复习资料，甚至连自己的中学课本都找不到了。我记得，当时没时间复习数理化，那一个月的晚上主要是读报纸，为政治考试做准备。此外，有些中学同学来找我切磋复习，我翻阅他们的复习资料，但那时根本没法复印，抄也来不及。我通过帮他们解题，算是复习了若干知识点。我们那届中学同学有 400 多个人，当年考上了大约有 10 人。

我母亲和姐姐建议我参加高考，是觉得我有能力考上。而我在工厂里有自己喜欢的工作，对上大学的期望不是太迫切，也就没有太大的考试压力。假如要提前一年得知高考的消息，要谋划系统的复习，或许反而犯怵了。

新京报：能否介绍一下您参加高考的情况？

胡海岩：我是 1977 年 12 月 9 日参加高考的，也就是恢复高考后的第一届考生。那年的高考由各省份自行命题。山东省的考试总共 4 门，依次是语文、数学、政治、理化。每门课 100 分，满分 400 分。

那时，济南的中学教室里都没有暖气，考试期间炉子也不点火，考场冷极了。我记得，考第一门课语文时，考场里有二三十个考生。考完第二门课数学后，考生就少了近一半。到考最后一门课理化时，只剩六七个人了。

当年的考题非常简单，理科生的语文试卷只有一道作文题，题目是“难忘的一天”。高考前，我没接受过任何培训，也没复习语文。严格意义上讲，我当时的作文是不符合要求的。“难忘的一天”

应该是回顾往事的记叙文，结果我写成了“今天将很难忘”，批驳“读书无用论”，发表自己参加高考的感慨。从考场出来和他人交流，就知道自己犯了错误。两天的考试结束后，我就回工厂继续上班了。那次，我们厂有三个青年工人报考，但另外两位没能被录取。

“回到厂里才发现通知书不见了”

新京报：您还记得当时填报志愿和录取的情景吗？

胡海岩：我们是报名高考时填报志愿，一共填 4 个志愿。当时，由于母亲还在住院治疗，我就全部填报了本市的院校。在 4 个志愿中，除去最后一个服从调剂，其他 3 个都是物理类专业，分别是压电压铁物理、半导体物理、理论物理。当时，大学生毕业还回原单位工作，而我正参与厂里新产品开发工作，研制压电晶体振荡器，自己感觉这几个专业比较对口。

1978 年元旦后，我参加了过线考生的体检。又过了一段时间，历下区工业局来电话，通知我去领大学录取通知书。我骑着自行车去工业局，拿到通知书后拆开信封看了一下，不是我填报的物理专业，而是数学专业。我自然无法兴奋，把通知书夹在自行车后座上就往回骑，回到厂里才发现通知书不见了。我只好又骑车返回，一路寻找。那条路是市区主干道，人来人往，自然找不到了。请工业局的工作人员打电话询问，山东省招生办公室答复说录取通知书不能补发，让我带着户口本去学校报到，学校有录取通知书的存根。

那会儿我母亲的病还没完全好，我犹豫要不要去上学。我向厂领导汇报被录取的消息，领导说别去了，还是留在厂里研制新产品吧。但我母亲和姐姐都认为，还是应该去大学读书。我硬着头皮去找厂领导，征得同意去大学报到。

那年的高考成绩没公布，我入学后才得知自己的成绩。山东省的重点大学分数线是 240 分，我考了 282 分。别的科目成绩记不太清了，但记得那篇语文作文得了 80 分，比我想象中要好很多。当时我父亲尚未平反，而自己还不知所填报的志愿都与国防科技有关，达不到政审条件，于是被调剂到了数学专业。真没想到，我后来转到力学专业，毕业后从事的就是国防科技研究。

工厂实践证明“知识就是力量”

新京报：能讲述一下您在工厂工作的经历吗？

胡海岩：在工厂的几年是我人生中很难忘的一段经历。1974 年高中毕业后，我待业了一段时间，然后被分配到济南医药包装材料厂的制箱车间，车间的主要产品是药品纸箱。

我并不在制箱生产线上工作，而是在车间的维修组，负责生产线的维护和修理。在那个年代，男青年都期待能去机械、钢铁、电力等国营的重工业工厂，成为一名产业工人。我被分配去的工厂不仅属于轻工业，还是区工业局下属的集体所有制工厂。因此，我是抱着失落的心情去报到的。但工作后发现，这个厂的风气很好，带我的师傅也非常好。当时，邓小平副总理主持国务院工作，在全国范围内进行秩序整顿，工厂复工复产，大家都很努力，而且经常义务加班。这些都给我一种“日子一天比一天好”的向上感。

我从事的工作是钳工，需要具有机械工程的知识和经验，每天都需要动脑筋思考，这引起我极大的学习兴趣。虽然我们的制箱生产线整体运行良好，但单台设备的故障很频繁，各种小问题不断。

我的工作需要不断琢磨，如何修复易损的零部件，如何让机器的寿命更长。

我刚工作没多久，有台印刷机的凸轮坏了。为了加工新凸轮，需要在钢板上绘制凸轮的外轮廓。我的师傅文化程度不高，无从下手，让我试试。我思考后发现，虽然凸轮的外轮廓是一条复杂的曲线，但它本质上是由多个连心圆拼起来的，而连心圆则属于中学的平面几何知识。因此，我经过计算，成功画出了这条复杂曲线。我也由此认识到，知识就是力量。于是，我买了些机械工程的书，结合工作自学，技术水平提升很快。

1975 年年底，历下区工业局创办“721 工人大学”并设立机械专业，分给我们厂一个脱产学习指标。厂领导认为我爱动脑，就送我去脱产学习。工人大学开设了为期一年的 4 门课，即数学、机械制图、工程力学、机械设计。数学课先复习高中的数学，再学习大

青年时代的胡海岩。

学的一元函数微积分。我参加高考时，数学试卷中有两道选做题，分别是求 0/0 型极限和椭圆面积，我就是用所学的微积分来完成的。此外，我们还有几个月的机械加工实习，我主要在车床、铣床、磨床上从事金属切削加工。整个学习过程到 1977 年春天完成，大约达到了大学机械类专业二年级的水平。这一年多的学习，对我后来顺利考取大学有很大帮助。

“农场劳动回来后，体会到学习机会宝贵”

新京报：大学对您意味着什么？您的大学生活是什么样的？

胡海岩：大学对我而言并不陌生。我父母是大学教师，我从小在大学校园里长大。济南的大部分高校都坐落在文化西路上，由西向东，依次是医科大学、工业大学、师范大学、艺术学院等。我上大学，就是从文化西路的一个大门，进到另一个大门。

当然，我说的这种印象是在 10 岁之前。“文革”爆发后，大学就停课了。再后来大学搞开门办学，迁去了外地的生产和医疗一线。我们进入大学时，学校留有岁月的惯性。我们第一个学期学了 3 个月，然后就去离学校数百公里的校农场参加劳动，先是收割小麦，再是稻田插秧，整整一个月。那次的劳动强度很大，每顿饭能吃一斤多，晚上倒头就睡。

刚进大学时，我最大的感受是自己坐不住。在工厂时，工作半个来小时就歇一歇，聊天。但是上课要一下子坐 50 分钟，有些不习惯，很怀念在工厂的时光。从农场劳动回来后，体会到学习机会宝贵，很快就静下心来。再后来，就和大家一起进入忘我的勤奋学习中了。

新京报：您大三时从数学专业转到了力学专业，当时为什么会做出转专业的选择？

胡海岩：大三那年，著名力学家钱伟长先生到校讲学。学校的刘先志教授是全国鲜有的几位力学一级教授，还是钱老的学长。在钱老和刘老的建议下，学校决定恢复“文革”前创办的力学专业。虽然数学专业的老师极力挽留我，但我认为改学力学能够充分利用自己在工厂期间所积累的机械工程知识和经验，就申请转到了力学专业。

1982 年，读硕士以来，我一直研究动力学问题。这是牛顿所开创的古老学科，对人类工业化具有重要推动作用，而且今天仍然有层出不穷的新问题。比如，我过去在南京工作的时候，主要研究航空科技领域的动力学问题；到北京以后，则从事航天科技领域的动力学研究。

“高考改变了我的职业和人生”

新京报：站在现在的节点上回头看，当时的高考对您的人生来说意味着什么？

胡海岩：高考改变了我的职业和人生。我当工人的那几年，就同事们的认可程度来说，自己是个好工人。但是，国家强大需要年轻人掌握更高水平的科学技术，并发展中国自己的科学技术。从这个角度来讲，我读大学以后投身于科技界和教育界，工作中面临的问题更具挑战性，对社会所起到的推动作用可能也更大一些。

记者手记

人生的“连心圆”越画越大

“现在国家规定院士70岁退休，我还要工作4年。”胡海岩院士笑着说。如果不是他的提醒，你很难将他与“年逾花甲”这个词联系起来。他的长相显年轻，说话思维敏捷、逻辑清晰，身上散发出一种自信的活力，更像是一位精力充沛的中年学者。

在北京理工大学宇航楼的院士办公室里，胡海岩院士接受了记者的采访。他已在北京理工大学工作了15年，卸任大学校长4年多来，他潜心从事教学和研究，还给飞行器设计专业本科生新开设了课程。

胡海岩与“大学”颇有渊源。他出生于大学教师家庭，从小就居住在大学校园里；大学对他而言，只是“从文化西路上的一个大门进入另一个大门”。恢复高考之后，胡海岩考取山东工业大学，从此他就再没有离开过大学。1988年，他获得南京航空航天大学工学博士学位后留校任教，又分别于2001年与2007年担任南京航空航天大学校长和北京理工大学校长。

然而，几十年前，胡海岩从未想过自己的人生能与大学产生如此深远的联系。他的父母在“文革”中受到迫害，父亲不幸身亡，母亲被下放到“五七干校”，姐姐去了农村。从12岁起，他就开始独自生活。1974年高中毕业后，他被分配到工厂，成为一名机修工人。

胡海岩依然记得，自己在工厂里画出一组“连心圆”，帮助师傅解决难题的往事。“日子一天比一天好”的感觉，让年轻的他感受到了向上的动力和希望，也成了往后岁月中他始终怀念、坚持追求的状态。

这段工作经历对胡海岩影响很深，也为他日后选择专业埋下伏笔。填报高考志愿时，胡海岩为了能将所学用于工厂，填报了物理类的专业。大三那年，学校恢复力学专业，胡海岩申请转入，从此与力学相伴40余年。他至今仍觉得，这一学科魅力未减。一门起始于牛顿时代的古老学科，在科技日新月异的今天依然有源源不断出现的新问题和新挑战。胡海岩的“连心圆”越画越多，影响越来越大。

站在当下的人生节点回望高考，胡海岩的讲述中有一种时代变迁下云淡风轻的镇定、从容自如的魄力。他谦逊地把过去的成功归结为“大环境的影响”“当时的考题简单”。对于自己当下的工作，他只是淡淡地表示“没什么远大计划，就是把眼前的事情做好”。

学者、师者、高校管理者的多重身份，让胡海岩很看重这次访谈对年青一代的影响。尽管在接受采访之前，他反复叮嘱记者：“我的故事已经是40多年前的事情了，对现在的学生或许没有借鉴意义。”但是谈起年轻人的选择和困境，他始终抱以十分的关切。胡海岩说，找到自己适合且喜爱的事业不是件容易的事情。人生犹如马拉松，高考只是第一阶段，并不能完全决定未来。因此，他鼓励年轻人不断试错，在试错中寻找自己所爱、所擅长之事。

胡海岩对青年学子充满了信心。就像他在2019年回到母校（现山东大学）参加开学典礼时深情地寄语新生：“当代社会之所以充分认可1977级和1978级大学生，是因为他们大多在入学前经历过艰苦的社会磨炼，具有推动社会进步的强烈责任感。当代大学生还会如此吗？《华尔街日报》曾叹息，世界上最勤奋的人老了，隐喻前景不妙。但我相信，每一代人有自己的担当，你们会比我们做得更好。”

新京报记者：李照　实习生：汉雨棣　编辑：袁国礼　校对：薛京宁

崔愷：

被“第二志愿”录取，走上建筑师之路

建筑师不仅要学好专业，更要向生活学习，因为未来美好的生活就出自你的笔下。

崔愷

崔愷注定会成为一名建筑师。

1977年，中断了十年的中国高考制度恢复，在平谷干了三年农活的知青崔愷走上考场。由于做错了一道数学题，他和清华大学失之交臂，却因缘际会考取了心仪的建筑学专业，来到“第二志愿”天津大学读书，为他的建筑师生涯打下了根基。

填高考志愿之前，生于知识分子家庭的崔愷曾觉得，教师是理想职业。研究生毕业时，清华大学和母校天津大学都向他抛来橄榄枝，希望他在“象牙塔”任教。但此时他已摩拳擦掌，准备在建筑师的岗位上“实战”一番了。

外研社大楼、首都博物馆、安阳殷墟博物馆、2019年世园会中国馆……一座座大家熟悉的建筑从他的笔下诞生的。

2000年，崔愷当选全国工程勘察设计大师。2011年当选中国工程院院士。现任中国建筑设计研究院有限公司名誉院长、总建筑师。他曾获“全国优秀科技工作者”“国务院特殊津贴专家”“法国文学与艺术骑士勋章”“梁思成建筑奖”等荣誉，并出版《工程报告》《德胜尚城》《本土设计》《中间建筑》《本土设计II》等著作。

“本土设计”是崔愷建筑设计理念的关键词。

他倡导并推动中国建筑本土创作与研究，提出“本土设计”创作理论。“本土设计应该与地方环境、人文和生活以及当地材料、适用技术相结合，尤其要注重绿色节俭的理念，让建筑尊重自然，让生活回归自然，这是保护生态环境，让人居环境可持续发展的根本。”他这样解读这一理念。

“我心中有一棵树，以立足本土的理性主义为主干，扎根在丰富的自然与人文的沃土上，生发出可以在城市、在乡土、历史街区出现的有不同特色的建筑。”

讲述

谈学习环境：高考前曾下乡干了三年农活

新京报： 听说您从小喜欢画画，并对建筑产生兴趣，有什么缘由吗？

崔愷： 我1957年出生于北京，从小在母亲单位的机关大院里长大。那个大院位于景山东街，是京师大学堂旧址，所以我对古都的历史环境和风貌很有感触。我母亲是人民教育出版社编辑，整个机关大院文化氛围很好，我小时候喜欢画画，也是得益于这种氛围。

那时候我们有“少年之家”，放学以后，大孩子组织小孩子画画。我自己也很喜欢静，放学后经常到母亲的办公室找一张书桌画画，慢慢养成了习惯。在当时的背景下，我所就读的景山学校教学环境比较好，从小学的高年级到初中都有绘画组，美术老师会教有兴趣的孩子画画，由此，我开始逐渐接触相对专业的绘画，比如，色彩、素描等。

我父亲在五机部（第五机械工业部）设计院工作，他本身是暖通空调专业的，但很喜欢建筑设计。初中时，我到父亲位于兰州的单位度暑假，他就找来建筑师同事沈老师，指导我画画。当时我照着全国美展的作品，画尺寸很大的铅笔画挂在家里。沈老师帮我指导，还提出了意见。我这才知道建筑师需要会绘画，当时也萌生了学建筑设计的想法。

新京报：您高中时期的学习环境是什么样的？

崔愷：我的高中时代受社会背景影响比较大。景山学校是在“文革”后期开始办的高中，并选送了一部分优秀的学生就读。当时景山学校有 12 个初中班，高中只收两个班，所以有类似考高中的环节，我学习成绩不错，顺利进入高中。上高中后，我们加强了数理化的学习。

念到高二时，出现了“反击右倾翻案风”。当时的口号是“广阔天地，大有作为”，大家一门心思下乡，想扎根农村干一番事业，我们整个高二几乎都在农科院开门办学，半天上课半天劳动种水稻。1975 年高中毕业时，我积极争取到平谷大华山插队当知青，那时候，对于上大学已经没有太多奢望了。

1976 年是中国不平凡的一年。1 月周恩来总理去世，我们想回城参加悼念活动。直到 1 月底春节，我才到了天安门广场，看着大家为周总理敬献花圈上的许多诗词，我久久不愿离去，结果被冻感冒了，之后转成了肝炎，就在城里住院休养。那年还经历了唐山大地震和主席逝世，真是难忘的一年。

秋天回乡时，政治语境不一样了，“四人帮”已被打倒，但当时是否能上大学仍不明朗，我们继续干农活。当时，北京一些单位、工厂到我们公社去招工，有七八个知青选择了参加工作，后来可能是由于上了班没有时间复习，也没有生活压力等原因，他们没有上大学，而我们公社留在农村的知青，后来陆续考上了大学。

谈高考：做错一道数学题，考入天大建筑系

新京报：得知恢复高考后，您是如何准备的？

崔愷：我从小住的人教社大院的家长大多都是知识分子，大概1977年初时就听到了可能恢复高考的消息，家里问我是不是可以回家复习。我所在的村子很小，只有34户人家，知青是重要的劳动力。我在村里干活也一直干得很好，还当了基建民兵的排长，所以不太可能完全放下农活回城复习，我就利用春节时候找了一些复习资料，连同高中课本一起带回农村，边干农活边复习。

学业已经放下了两年，需要重新温习做题。但我们复习那会儿正赶上夏收、秋收。农忙时，知青只能白天出工，晚上复习。当时村里电力不是很足，我们晚上在油灯下看书，几个同学一起背公式，相互帮助。由于我是得完肝炎回村的，村里比较照顾我，没让我在大田里干活，给了我一个“美差”——看青，就是看护山上的果木。我们村的山场很大，早上天没亮我就上山了，往往等到天黑之后才能下山。虽然辛苦，但好在这个任务比较灵活，我背着课本和手电筒上山，利用空闲的时间背书。我的复习条件比下大田的同学好一点儿。

新京报：您还记得参加高考的具体细节吗？

崔愷：初冬时节，我们在大华山公社参加高考。我们村离公社有8里多地，一大早，大家就带着干粮浩浩荡荡奔赴考场了。当时上过中学的农村青年也一起参加，村里还派了辆拖拉机，拉大家前往考场。

一上午考完，农村青年基本上都走了。很多人以为高考像以前

工农兵学员选拔一样，问一些常识问题，到了考场才知道是发卷子做题，很多人答不上来。到了下午，考场上剩下的基本都是知青了。当时公社党委副书记也是我们景山学校高年级的下乡知青，他在监考时走到我旁边看了看。考完试后，他跟我说“你考得不错”，我当时很兴奋。

新京报：您在填报志愿时是如何考虑的？

崔愷：当时高考是考前报志愿，我想报清华建筑系，但当年清华建筑学专业没有招生，我就报了清华物理专业。第二志愿报的是天津大学建筑系。

考完回家，我和大院里的孩子们互相对题，发现有一道数学题我套错了公式。因为这道题，我没有去成清华。这是挺有意思的一个转折，因为我内心不是特别喜欢物理专业，只是希望上最好的高校。但是上了天津大学，由此走到建筑师这条路上来，是一种缘分，也是我的幸运。

谈大学生活：老师亲自画讲义，师生结下深厚友谊

新京报：您入学时，大学校园的环境和教学条件是什么样的？

崔愷：1976 年唐山大地震之后，天津也是重灾区，天津大学的操场上搭满了市民的抗震棚。我们没有操场，在学校的小马路上体育课。但是教学楼的条件挺好的，我所在的校区是 20 世纪 50 年代建校，是徐中老先生带着许多青年教师设计的，建筑很有特色，一直被保护和使用得很好。

在我们 77 级学生入校之前，已经有 1975 年和 1976 年两届工农兵选拔大学生，教学楼一直处于使用状态。我们 77 级是考试进

来的，老师们对我们给予了更多的期望和关注，授课非常用心。那时，我们能看到的国外资料很少，也没有复印机，老师用钢笔画了很多讲义、资料和范图，编辑成册，印成油印本给我们看。能遇到这些老师是我们的荣幸，老师们的倾心付出让我们倍加感动。

在天津大学读书期间的崔愷。

我们需要画大图，每个人面前不是小书桌，而是大图桌。我们班有 34 个学生，教室里共有五六排大图桌，上设计课时，每一排有一个老师，每个老师负责 6 个学生，所以老师和同学之间的交流互动非常多，他们给学生讲设计的道理、画图的技巧，还上手改图，让我们很钦佩，师生建立起了深厚的友谊。诸如彭一刚先生、童鹤龄先生、张文忠先生等许多老师，水平都很高，在全国建筑教师中都是很优秀的。我们作为学生真幸运！

新京报：学建筑专业，您的大学时光是如何度过的？

崔愷：大学期间，我们的学习风气特别好，大家都很珍惜时间，每天“三点一线”——宿舍、食堂、教室或图书馆，晚上教室里灯火通明，同学们常常熬夜画图，每天的时间都排得满满的。

我们班大部分同学是天津人，周末回家。我们几个外地的同学留在学校，经常出去逛街。因为对建筑专业来讲，观察城市是很重要的。天津的五大道、解放桥、海河沿线，我都观察和学习过，这对理解城市和建筑很重要。甚至在今天，那些城市空间的记忆对我们做城市设计都有很大启发。

我不是“死读书”的人，周末操场上有露天电影，我很喜欢看。业余时间，我们还去水上公园写生。老师说，建筑学专业的学生应该多才多艺，我的同学中有画油画的、写书法的、搞篆刻的，其中不乏高手。

读本科的最后一年，《建筑师》杂志组织了第一届全国大学生设计竞赛，我和另外三位同学联合做方案，获得一等奖，此外，天津大学还获得了好几个奖项，当时老师们也特别高兴。后来，天大获奖似乎成了规律，逢单是设计奖最多，逢双论文奖最多，好多年都保持着优势，说明天大老师教得好，学生也努力。

新京报：您研究生毕业后，为何没有留校任教，而是选择去设计院？

崔愷：改革开放后，国家建设需要高学历的人才。临近研究生毕业时，很多单位非常需要我们。后来听老师说，清华大学到天津大学揽才，希望我去教书，因为他们尤其想要插过队、有社会经验的人。我的母校天津大学也动员我留校充实师资队伍。

但是我当时一腔热情想去设计院工作，用所学的知识参与到祖国的建设中去。当时曾经指导过我的沈老师已经被调到建设部建筑设计院了，我去她的办公室参观，看到设计院正在设计北京图书馆新馆（现国家图书馆），那些又大又漂亮的效果图深深吸引了我，我当时还看到了一些援外项目的设计方案，心生羡慕。所以下决心要“实战”去当建筑师，不想待在校园里“坐而论道”了。后来，听说建设部建筑设计院的刘世瑾老院长和石学海老总亲自到学校来要毕业生，使我如愿以偿。

新京报：对于即将踏入大学校门的莘莘学子，您对他们有何建议？

崔愷：这些年，我其实一直没有离开学校建筑教育语境。我希望报考建筑专业的学生不仅要学好专业，也要向生活学习，因为美好的生活就出自他们的笔下。

记者手记

为城市和人们生活做好服务的建筑大师

采访崔愷院士是在早春时节，车公庄大街上绿枝摇动，玉兰灿烂。中国建筑设计研究院崔愷的办公室外，也是绿意满目。这里正举办“本土·季展”第四季，一个位于广东的建筑项目模型颇为抢眼，繁茂的绿植嵌在楼宇立面之间，整个建筑显得清新灵动。“将艺术的平台深向绿轴，将绿色的空间融入城市。”作为展览的发起人，崔愷用漂亮的字体为展览点题。

今年 65 岁的崔愷保持着旺盛的创造力和创作激情，他正在为世界文化遗产颐和园设计博物馆二期方案。采访开始之前，他刚刚送走了一位访客。他开玩笑称自己的工作状态像在“看门诊”。“坐在我面前的，每半小时是一拨人。他们把图带来，我们交流后，我画一些草图，他们再拿走。”

崔愷的办公桌上有一摞厚厚的废弃文件，他架起眼镜，很环保地利用纸张背面的空白勾勒出草图，记录随时迸发的灵感。想要留下来的草图，他专门画在一个本子上。精致的建筑、漂亮的园林，也许不久后就会从纸张上跃然而起，来到大家的身边。随手翻开一页，那是他在 1 月为南苑森林湿地公园绘画的小建筑草图，游客服务中心、体育场、小卖部等的组合设计，让公园设施更加人性化。“这是一边开视频会议，一边随手画的，现在建筑已经按照这个设计方案在盖了。”

游刃有余的“高产”，并非一蹴而就。“设计确实有一个逐渐成熟的过程。”崔愷说，他毕业后开始做设计，总体上讲比较顺利，在早期就有了自己的原创作品，但最初的设计效率并不高。“这些年，并不是因为当选了院士（效率提高），而是我对城市、文化和项目本身的认识，不再被动迎合，而是有了更主动的引导性。我现在做项目，思路非常清楚。”

设计需要缜密的思考和策略，要把想法变成高质量的建筑。经年积累的经验和感悟，使崔愷具备快速找到解决办法的能力。“我们院超出一半的项目跟我有关系。这并非因为我是总建筑师，需要签字，相当一部分项目我画过草图，还有一部分是我精心指导的。”

这些年，崔愷也一直没有离开学校建筑教育语境。他任天津大学教授，清华大学双聘教授，中国科学院大学、北京建筑大学教授，也受很多高校邀请开办设计课、做讲座。

谈及对建筑学专业学子的建议，崔愷认为，建筑学专业跟一般的工科不一样，一方面，它是对美的识别和追求；另一方面，它是对生活的感悟，“建筑学不是做一个造型，我们是为人做设计的”。这位建筑大师娓娓道出质朴的道理——建筑师要为城市、为人们的生活做好服务。

他经常在大学和学生讲，建筑师的很多构思来自对生活的观察，建筑设计是为人服务的，要站在使用者的立场去想象建筑的环境。他嘱咐同学，不仅要学习建筑学的理论、看大师的作品，使用流行的工具软件，更重要的一点，是留心自己的体验，看自己居住的环境、城市和喜欢的场所，是否有改善空间。

“我觉得应该树立一个观点，你的职业生涯中要更多为城市为人民服务，而不是成为大师，当选院士。我走到这一步，绝不是我初期定下的目标。”崔愷道出自己的切身体会，在学校学习的建筑学是基础，要打牢画图基本功，学好理论知识，建筑学这门学问也同样要在工作实践中持续学习。要去观察社会和城市的发展，将生活中新的需求跟空间的要求建立逻辑关系，启发自己的设计。

“比如，我们今天谈到绿色低碳建筑，不仅是为了节能，也是让人们生活得更加幸福和健康，这些带动了大量设计观念和设计手法的转变。”他说。

新京报记者：张璐　编辑：刘茜贤　校对：赵琳

段雪：

考上大学，我第一次掌握自己的命运

恢复高考的消息传来时，时年20岁的段雪已经在距离家乡1500公里外的甘肃陇西上了两年班。

从北京到甘肃，从农村到工厂，段雪一直将读书时期的课本作为最重要的家当随身携带。母亲告诉他，“这些书本你都别扔”，这句话对段雪命运的改变影响深远。

1977年年底，只有一个多月复习时间的段雪揣着一副“残缺不全的知识结构”上了考场。当年，他被吉林大学化学系录取，后来又考取了北京化工大学（原北京化工学院）的硕士、博士研究生，毕业后留校任教，2007年当选中国科学院院士。

对于段雪而言，高考让他第一次尝到了“把命运掌握在自己手里”的滋味，他从此挥别了那个“有点沉重”的过去，与千万青年站在同一起点重新开始。40多年后的今天，即便高考不再如当年那般对命运有绝对意义的改变，但段雪觉得，它依旧是众多人生晋级通道里相对最公平的那个，“这个机会放在面前，不抓住，那就是人生最大的失误”。

段雪，男，汉族，应用化学家。1957年1月出生于北京市，主要研究方向是插层组装与产品工程，凝练了“以性能为导向设计插层结构”和“以产品为导向控制组装过程”两类关键科学问题，开展了基础研究和工程化研究，发展了系列插层结构功能材料，提出了成核晶化分离等系列插层组装方法，构建了系统的研究体系，开拓了特色研究方向。将研究成果应用于大规模工业实践，实现了多项科技成果的工业转化，推动了溶解乙炔介孔吸附材料、汽车专用化学品和功能性插层材料等行业的发展和科技进步。段雪说：“技术掌握在咱们自己人手里，这才踏实。”

他先后主持了《青海盐湖资源综合利用》《塑料制品中限制使用有毒有害物质的建议》和《能源金属资源可持续利用与我国储能技术发展策略研究》等多项重大战略咨询项目。此外，他获国家发明专利授权 60 余件和美国专利授权 3 件。获国家技术发明二等奖 2 项和国家科技进步二等奖 1 项等多项科技成果奖励。

讲述

等待高考
母亲说“这些书本你都别扔”

新京报：您是如何从北京去的甘肃？

段雪：我 1957 年出生在北京，1964 年考入北京实验一小，按照当时“十年一贯制”的规定，能在那里读完小学和在仅一墙之隔的师大附中读完初中。小学二年级时“文革”开始，学业中断，一年后复课，中间又经历了学校改制、教材更换。在那个动荡的环境里，我用 5 年时间，读完了 6 个年级的课程。

在北京上了一年初中后，我母亲所在的医院响应“把医疗卫生工作的重点放到农村去”的号召，到甘肃临夏援建医院，也就是现在的临夏县第二人民医院，我也跟着去那里继续读书。

后来我母亲又被调到甘肃陇西冶金设备制造厂医院，我高中毕业后在农村插队两年。1976 年陇西冶金设备制造厂招工，我就进厂成了一名钳工，当时工人地位还是很高的。考上大学离开甘肃前，我一直在这个厂里。

1976 年，段雪（左）高中毕业两年后，通过招工进入陇西冶金设备制造厂。

新京报： 得知高考恢复后是什么心情？

段雪： 当时家里的朋友、工厂里的技术人员，很多都是医生、大学毕业生，他们对恢复高考一直有信心，大家觉得迟早会有这么一天。我母亲很早就和我说：“这些书本你都别扔。”这是对我高考以及后来命运改变影响深远的一句话。

正式恢复高考的通知是 1977 年 10 月下发的，那时候大家都很激动，我知道机会来了。

熬夜复习
曾问自己：“一辈子就这么定格？”

新京报： 您是怎么复习准备高考的？

段雪： 没考试大纲，也没人组织复习，白天在厂里上班，晚上熬夜看书。因为看书太久，一抬头看别的东西都是双影，得缓好久才能恢复正常，那是我记忆中视力最差的一段时期。

刚刚成为工人的时候我曾问过自己：“一辈子就这么定格了？”我不甘心，下定决心，就算第一年考不上还有第二年，第二年不行还有第三年。整个中学阶段我只有一次考试排名在前三名之外，多数都是第一名，我是不怕考试的。

新京报：考试结果如何？

段雪：考完了自己不太满意，但也没觉得惨到不行。我们当年成绩出来前可以报 9 个志愿，可能受家庭影响，我大多报的是医学。

但最后，我收到了吉林大学化学系的录取通知书，这是我报的第 6 个志愿，现在回想起来，这是 9 个志愿中唯一的 985 院校。收到通知书后稍微有一点儿失落，但很短暂，更多的是兴奋。我们厂里有很多东北来的老大学生，都说吉林大学非常好，我感觉站到了新的人生起点。

当年厂里 3000 多人，近百人参加了高考，但最终被录取的只有 3 人。

新京报：您觉得您能考上，靠的是什么？

段雪：我在临夏第二中学读了两年初中，又读了两年高中，虽是“文革”期间，但很幸运遇到了多位兰州大学毕业的、非常敬业的老师。相对来说，“文革”对临夏的冲击不算太大，基本的教学秩序还是能保证的，我打下了好的基础。

另外，虽然我进厂当了钳工，但负责的是基础原材料切割前的画线，这个工种需要很高的几何计算能力，恰好我这方面底子不错，工作中又不断巩固了这些知识，所以后来数学考得不错。再有，厂里很多技术人员都是从大学或者技校毕业的，找他们借的书都成了我的复习资料，不明白的题也可以直接请教。

我拼拼凑凑地复习了一个多月的时间，知识结构都残缺不全，就上了考场。

考上大学
“人生第一次自己掌握住了命运”

新京报：您的大学生活是什么样的？

段雪：吉林大学的录取通知书里说，长春很冷，冬天要到零下三四十摄氏度，提醒我们带棉衣。我就带了些衣服、书，坐了快40 小时火车到北京，又从北京坐 17 小时火车到了长春。那是我第

1977 年，恢复高考第一年，段雪考入吉林大学化学系。

一次自己出远门。

考上大学，是我人生第一次掌握住了自己的命运。“文革”耽误了10年，重新获得机会后，大家都如饥似渴地学习。我们比拼看谁做的题类型多、数量多，谁要是有新的习题集，其他人都要想方设法弄来看看。我当时对数学和物化感兴趣，几乎没有没做过的题。后来考上了北京化工学院的硕士研究生，又读了博士学位。

新京报：毕业后您做了什么？

段雪：我博士研究生毕业后留校任教，主要从事科研工作。尽管经过多年努力取得了多项成果，但工作中第一个科研项目仍是记忆最深刻的。那是1988年，用作金属材料切割和焊接的乙炔广泛应用于国防和建筑领域，但乙炔易燃易爆，储存是个大问题。当时国际主流技术已进入溶解乙炔气瓶阶段，但对中国技术封锁。

改革开放初期，高校实验条件普遍非常简陋。我只能借助河北一家工厂的不完整生产线反复现场试验。困难虽很多，但年轻时的精神更顽强，最终创制了整体式溶解乙炔介孔吸附材料，彻底解决了水热合成生产工艺难题，技术先后在多家企业实施，实现了大规模国产化。

这条路我们坚持了10年，构建了完整技术体系和自主知识产权，所发表的系列论文成为行业教科书，技术也推广至全行业。

寄语学子
“只有命运掌握在自己手里，才能给自己创造机会”

新京报：您一直带硕士、博士研究生，与过去相比，现在的学生有什么特点？

段雪：过去我们考学多是为了生存，而现在的学生是为了生活，是年轻人追求一种不落后于别人的生活。

新京报：您怎么看待现在的高考？对高考生有什么建议？

段雪：高考已经不是人生进取的唯一出路了，这是社会多元化发展的趋势和结果，物质极大丰富，家庭可以给孩子创造更好的生活条件，社会有更多通道帮你实现想要的生活，但我依然觉得高考是相对最公平的通道。

我注意到了2021年北京高考作文题，论“生逢其时”，说得太好了，在同一个时代，有人慨叹生不逢时，有人只愿安分随时，有人深感生逢其时、时不我待。

20世纪70年代末是改革开放的最初期，不安于被命运左右的人都看到了希望，热血和兴奋鼓舞着每一位有志者。作为高中毕业后在社会上随历史车轮亦步亦趋的年轻人，突如其来的高考对我来说就是激情燃烧的起点，当然不会放弃机会。现在回首往事，依旧为自己没有辜负时代的馈赠感到欣慰。

对于现在的考生们来说，可选的路固然已不止一条，面对的挑战也更多元，但时代给了每个人机会，与其感叹生不逢时或者选择“躺平”，何不奋力一搏争取自己掌控命运。

只有将命运掌握在自己手里，才能给自己创造机会，高考就是一次可以改变命运的机会。

记者手记

“时代不会给年轻人不劳而获的机会”

约采一位中国科学院院士，且对方研究的是我全然不懂的领域，说实话，还是很忐忑的。我提前做了一些功课，但从文本中能读懂的专业名词少之又少，去之前我心里慌张，这该与院士如何对话啊。

我曾和段雪院士有过一面之缘，他看上去并不沉闷。我窃想，我们大可聊些别的，聊些能让一个非化工领域记者听得懂并可以写下来让读者也看明白的内容。

段雪院士的办公室在北京化工大学校园里，进屋落座后，他问我喝茶还是咖啡，我说茶后，他便自己拿出茶具泡了茶，让我自己先到处看看，这让我此前紧张的心绪平复不少。

办公室很大，里面有6套工业模型特别引人注意，是段雪院士自1988年至今建成的工业化装置的微缩模型，有水热法介孔材料生产装置、常减压变温汽车制动液用硼酸酯生产装置和先后4代插层结构功能材料生产装置，几件模型占了不小的空间，段雪院士讲起时头头是道，一下子打开了话匣子，那些都是让他骄傲的作品。

见我多有不解，他笑着说：“确实有点儿冒昧了。”为了让我尽量明白他研究的是什么，聊天中他免不了要补充说：“通俗说这就是……”“你可以理解为……”这样一讲，我倒是很快能理解他攻克的溶解乙炔介孔吸附材料是一种什么物质，也大致了解了他所说的超稳矿化修复重金属污染土壤、利用原位形成层状结构改良青海高寒矿区表层土壤及盐碱地是什么原理。还从他口中知道，在青海，盐湖的作用可不仅仅是天然的旅游观光胜地，大量充足却没有被开发利用的镁资源正等待被高效分离利用。聊到此处他更加激昂，他很高兴地告诉我，现在他所做的事就是在“变废为宝”，“这种开发，对青海来说是战略机遇。”

从他给我讲每一次攻克技术难题时的专注劲头和激动的表情可以看出，他对自己事业的满意和骄傲。例如，溶解乙炔介孔吸附材料研制的成功，意味着我们国家不必再受限于国外的技术垄断，而且这项研究是在他博士研究生刚刚毕业、整体科研条件较差的20世纪80年代进行的。

段雪院士说：“身在其中我们每一步都很艰难，针对问题想法出来了，反复实验，反复失败，成功就在执着坚持的前面不远处；实验室到工厂，基础研究到工程化，理想与现实的差距有时真的很大，只有静下心来寻找技术问题的核心科学本质，不能寄希望于运气，要依靠缜密的逻辑和系统的思考，拔丝抽茧，踏踏实实地逐一攻关，才能真正把技术掌握在自己手里。”

他坦承，其实很羡慕现在的年轻人，有很多选择，有更多路径，命运的突围方式不再单一。“但唯一不变的是，时代不会给年轻人不劳而获的机会。”

他觉得在陇西的生活虽艰苦，但磨砺了他的品性，也给了他暂时躲避纷扰能沉浸下来学习考上大学的机会。正因此，他对大西北有着特殊的感情。

段雪院士微信名为“北甘吉北”，一般人难解其意。他告诉我说，这就是他曾经一段对命运有深刻烙印的经历，意为出生在北京，辗转成长在甘肃，后来上大学到了吉林，再后来又回到北京。不过近些年，他将很大一部分精力和时间又投入了甘肃和青海等西部省份，落后的地方才是真正需要人才和技术的地方，他愿意用自己的能力去想想办法，一件事、两件事地坚持去做成。

新京报记者：张静姝　编辑：刘倩　校对：翟永军

张建云：

“二战”高考终成“现代大禹”

时代新机遇

人生新起点

参加高考四十周年有感

张建云

从江苏徐州的农家孩子成长为国家顶尖的水文水资源专家、中国工程院院士，张建云感叹说，高考是时代的机遇，也是他人生的新起点。

张建云从小喜“静”，读书用功踏实，极少让家里操心。不过由于他的中学时代是在“文革”中度过，三天两头要去工厂农田干活，因此，他说当年他们的知识学得不算扎实。

1975 年，张建云高中毕业后回乡当过会计、赤脚医生、民办教师。1977 年高考恢复，张建云报名参加，但是由于平时工作忙，几乎没有准备就走上考场。他不满意被录取的院校，于是复读“二战”。

1978 年，张建云被自己填报的最后一个志愿——被誉为“水利黄埔军校”的全国重点高校华东水利学院陆地水文专业录取，从此开启了与水利事业相伴的一生。

在大学校园里，张建云如饥似渴地学习，至今还能记起恩师赵人俊、庄一翎、刘新仁等老师讲课的细节。“他们的学识和为人对我影响都很大。”校园还给了张建云一段美好的恋情，他的一位女同学后来成了他的妻子。

大学毕业后，成绩优异的张建云被分配到当时的水利电力部工作，两年后张建云又回到母校深造。1987 年硕士研究生毕业，他进入水利部南京水文研究所工作。1991 年，他被水利部选拔出国培训，在爱尔兰国立大学工程水文硕士研究班学习，获得“一等优秀硕士”证书，并留校继续深造。经过三年学习，获得土木及环境工程专业博士学位。

张建云长期从事水文水资源、防汛抗旱、气候变化影响、水利信息化等科研工作。研究并主持开发了“全国洪水预报系统”“国家防汛抗旱会商系统”“防汛抗旱水文气象综合信息系统”等一系列业务系统，为国家防洪抗旱调度决策和指挥提供科学依据。他主持国家级科研项目 30 余项，获得国家科技进步一等奖 2 项、二等奖 5 项，全国先进工作者、全国优秀留学回国人员等荣誉。有媒体在报道中，将张建云称作“现代大禹”。

2009 年，张建云当选中国工程院院士；2014 年，当选英国皇家工程院外籍院士。张建云始终没有放弃学术追求，每天繁忙的工作结束之后，他都要留到办公室做自己的业务，与学生讨论论文，直到深夜才回家。

“现代大禹”张建云一直在路上。

讲述

窝窝头是口粮

新京报：能不能介绍一下您的求学经历？

张建云：我 1957 年出生在江苏省徐州市沛县的一个普通农村家庭，是家里最小的孩子，上面还有 4 个姐姐和一个哥哥，他们年纪都比我大不少。我的哥哥比我大 11 岁，他在学校教书，也是我的小学老师，对我影响很大。

我小时候属于比较爱学习、很少让家里操心的孩子。读中学时住校，学校在另一个镇上，离家里很远。每周回家，家里给准备一袋窝窝头，就是我一个星期的口粮。

读书的时候，我最喜欢物理，物理成绩也很好。但是因为我的中学、高中时代都是在“文革”中度过的，当时的口号是“工业学大庆，农业学大寨”，三天两头要去工厂田间，帮人插秧收麦子，学车床，所以我们高中的功课学得并不扎实。

新京报：从1975年您高中毕业后到参加高考，这段时间您在做什么？

张建云：1975年，我高中毕业后回到徐州沛县张庄镇。当过会计、民办教师，也在县社教队（农业学大寨社会主义教育队）工作过，一个领导带着我们7个年轻人，有点儿像现在的驻村干部，村里墙上的标语都是我写的。这段经历对我后来的人生产生了很大的影响。什么事情都经历过，什么苦都吃过，也真正见识过农村的饥饿、贫困。我白天当会计，晚上给村民看病打针、针灸、配药。这些都是现学的，因为在他们眼里，你是有文化的人，你有责任去做这些事情。这段经历塑造了我的韧性，在后来的人生中不管遇到再难的坎，相比之下，都不算什么了。

新京报：1977年恢复高考的消息传来后，您和身边人是什么感受？

张建云：我在社教队的时候，和我一样的年轻人都觉得这辈子要绑定在农村田地上了。直到恢复高考的消息传来，所有人都特别振奋。大家重新捡起了书本，镇上的中学也开起了补习班，教室里坐得满满当当，讲台之下全是一双双求知的眼睛。整个社会有种冬天过去、春天到来的气氛。苦等了十年的学子们跃跃欲试，仅我们一个镇就有一百多号人报考，年纪最大的是新中国成立前出生的，年纪小的才十六七岁，刚毕业。

坐着拖拉机“赶考”

新京报：您当时参加高考的情况是什么样的？

张建云：我参加了两次高考，第一次是1977年冬天，没有怎么准备，考取了一所师范大学，我没有去，选择了“二战”。第二次高考是在1978年夏天，我考上了华东水利学院水文专业。

高考那天，我们一群人是坐着拖拉机去“赶考”的。一个公社就一台拖拉机，几十人挤站在车厢里。司机瞅了我们一眼说，也不知道这一窝能考上几个。结果证明，那一车考出了好几个重点大学：一个考上南京大学，一个考上西安电子科大，还有一个就是我，华东水利学院（现河海大学），此外还有十多位考上了普通高校。当时的录取率不到7%，说明我们镇中学补课效果很好。

新京报：您当时是怎么为高考做准备的？

张建云：备战第二次高考的记忆中，印象最深的要数街边的路灯了。我白天要工作，看书复习只能见缝插针，复习到深夜更是家常便饭。在工作队，我住的是几个人一间的大宿舍，担心影响到别人休息，所以我都到街边路灯下看书。

那个年代，农村家里是没有电的，只能烧煤油灯，看一晚上书，鼻孔被熏得黑漆漆的。所以我都去路灯下看书，一站就是几小时。

每天晚上和周六、周日没什么工作的时候，我就骑自行车去学校，站在教室里听，恶补功课。学得比较吃力的一科是英语，因为我们很多人都是英语零基础，老师只能教如何应付考试，好在当时英语分数并不计入高考总成绩。

新京报：收到录取通知书时，您是什么感受？

张建云：收到录取通知书的时候，我正在工作队。公社的一个熟人把我的录取通知书带回来，红彤彤的，我印象很深。我不知道华东水利学院水文系是做什么的，只知道是一所重点大学。我的心情也很平静，没有别人想象中的激动，只是想到，我以后就要离开这个地方了。反倒是我的家人特别开心。我上大学前都是穿布鞋，从来没有穿过皮鞋。我的姐夫把他的皮鞋和手表都送给了我，几个姐姐给我凑了点儿钱，我就背着行囊去上大学了。

想研究“天文”，却进了“水文”的门

新京报：您为什么会选择水文这个专业？

张建云：其实最初我对水文专业是不了解的。我的高考第一志愿是南京大学天文系，因为我物理不错，晚上看星星觉得天文很神秘、有意思；第二志愿是上海一所医科大学，跟我的村医经历有关，我认为医学对国家和人民很重要；第三志愿是华东水利学院水文专业，农村墙上的标语写的是“水利是农业命脉”，我想这个专业也很重要很有学问，没想到就干了一辈子。

新京报：徐州历史上是黄泛区，备受干旱内涝困扰，您有什么样的切身体会？

张建云：秦岭—淮河一线是我国南北方地理分界线，也是气候上北方干旱、半湿润地区与南方湿润地区的分界线。徐州所处的位置干旱居多，但往往雨季一到来，又极易形成内涝。当地土地贫瘠，庄稼被淹，粮食颗粒无收，有时会看到讨饭的灾民。我的

华东水利学院 1982 届本科生毕业照（从下往上数第二排中间者为张建云）。

童年记忆中，遇上暴雨洪涝，母亲就拿一个勺子在门外挥舞，嘴里念叨着类似“云彩快些飘走”之类的俗语，祈祷风调雨顺。后来我在社教队工作，对水利更有了粗浅的认知，有水就有粮，没水就地荒。

新京报：在深入这个专业学习后，有没有意识到这个专业的独特魅力？

张建云：学了这个专业之后，我意识到水利是一个国家需要并且大有可为的行业，我们国家是世界上水问题最为复杂的国家，水利有很大的施展空间，这个行业需要我们这些人去做。

比如，首先是中国的洪水问题，我毕业后被分到水电部做预报员，负责洪水调度。这个责任非常重大，如果预报得准确，就能有效减少损失；如果预报不准确，该分洪却没有分洪，下游老百姓房屋农田都会被淹没，造成极大的生命财产损失。所以做首席预报员压力很大，掉头发、失眠，但是想到尽量提高预报准确性，早几分钟的预报就可能为抢救人民生命财产赢得宝贵时间，会有一种价值感和责任感。其次是国家水资源分布不均的问题，我国水资源南多北少，问题很突出。如何进行水资源的平衡优化配置？作为国务院南水北调专家咨询委员会副主任，我觉得自己有做不完的事情，总希望能多解决一些问题。

生态文明建设也与水息息相关。很多环境问题也是水的问题，比如，超采地下水造成地面沉降、湖泊蓝藻等。就拿我的家乡来说，在我小时候，徐州的生态环境是很差的，因为地处煤区，以前有种说法叫“一城煤灰半城土”。但现在徐州是国家生态文明建设的典型城市，塌陷区变成了漂亮的湖泊。我参与了徐州水生态文明建设的方案论证，也以专家组组长身份对其进行了验收，见证了自己家乡的蜕变，现在的徐州是“一城青山半城湖”，我内心是很自豪的。

新京报：现在回头看，高考对您的人生意味着什么？

张建云：时代新机遇，人生新起点。是改革开放给我的这次机遇，也是时代给我们这一代人的机遇。如果没有高考，我现在应该还在农村，但是高考让我的人生完全改变了。

记者手记

“在这一行有很多事情需要去做”

对张建云院士的采访是在他的办公室进行的。今年65岁的张建云院士还在教学科研一线，在他的办公室里，有一个支架写字板非常醒目，上面写着密密麻麻的专业术语，那是他和学生学术讨论留下的痕迹。

南京水利科学研究院教授级高级工程师金君良也是他的学生，他用了一个词来评价老师，“严谨”。对学生的科学研究，他要求很高，张建云说，一些学生有些“怕”他。

然而和张建云院士交流之后，很快会发现他是一个质朴而务实的学者。说起青年时代求学的经历和曾经的苦难时，他的语气始终平静和缓，好像在说别人的故事，即使回忆拿到录取通知书，第一次离开家乡见到大学诸如此类的特殊时刻，他也坦言没有太激动的心情，“我这个人性格好像一直都比较平静”“我的故事太平淡啦”。

只有在提到水文专业有关的话题时，他的话匣子才打开了。他说，很难说自己是兴趣上有多么热爱这个专业，但他认为中国是世界上水问题最复杂的国家，学水利有很大的施展空间，“这个行业需要我们这些人去做”。

由于高中英语近乎零基础，大学时代缺乏语言环境，他的英语听说能力有限。1991年在爱尔兰求学时，张建云恶补英语，边学边用。也是在这个时期，他第一次接触到原版的《水文学手册》，这本1278页的水文学工具书成为他书桌上的必备书籍。金君良解释说，这本书相当于水文学科的《新华字典》。

在办公室里，张建云从书架中抽出这本视若珍宝的原版书籍向记者展示：“这本书作用很大，对博士科研非常有帮助，所以我回国的时候就决定，一定要把这本书翻译出来，让中国的水利人都能学习受益。”

翻译的那三年如同苦行僧一般，张建云推掉了所有应酬，每天回家吃完饭就把自己关在书房里。他给自己定下每天翻译多少页的目标，凭着一股劲儿，最终完成了全书的翻译。这是张建云严谨治学态度的一个缩影，就像他经常告诫学生的那样：“做学问来不得半点儿虚假，必须严谨。”

近40年从事水文水资源、防汛抗旱、气候变化影响、水利信息化等科研工作，张建云院士研究并主持开发了“全国洪水预报系统”“国家防汛抗旱水文气象综合信息系统”等一系列业务系统，为国家防洪抗旱调度决策和指挥提供科学依据；也在应对气候变化、水库大坝安全以及城市防洪排涝等方面做出卓越贡献。近些年，张建云投身到水生态、水环境治理的国家和省部级重大项目研究中，受聘为长江保护与绿色发展研究院首任院长后，他又踏上了新的治水征程。

是责任感和使命感推着他一直在路上。已过花甲之年的张建云说，他的工作节奏快得让身边的年轻同事都吃不消。他计算过，一年中他有200多天都在出差，南京往返北京的时候最多，晚上7点多出发，深夜11点多又回到南京。有一段时间，他的心脏早搏得厉害，医生劝他多休息，他闲不住，总想着“多解决一些问题”。

在采访快结束的时候，张建云院士拿出一张提前写好的对年轻学子的寄语，上书“时代新机遇，人生新起点——参加高考四十四周年有感”。“我其实不希望这个采访变成忆苦思甜，现在的年轻人也有他们这一代人的机遇。一个人在一生中要抓住机遇，但更重要的是首先要脚踏实地地把工作做好。”他说。

新京报记者：李照　编辑：袁国礼　校对：薛京宁

徐兵河：

高考和上大学，改变了我的人生轨迹

寄语高考学子：

为梦想而奋斗，

努力就有收获，

奋斗必有结果！

徐兵河

1977年国家正式恢复高考，也成为唯一一次在冬天举行的高考，当年有超过570万人参加考试，19岁的徐兵河是其中一员。彼时，他在湖北大冶市一所小学当民办教师，在完成教学任务、经常帮学校食堂师傅挑水、做饭的同时，他才能抽出时间准备考试。高考那几天，距离考点有10多里路，自己又没有其他交通工具，徐兵河还是由一位一同参加高考的老乡，每天骑自行车带到考场，“都是土路，少不了上下坡”。多年后回忆起来，这个场景依然是徐兵河关于高考最深刻的印象之一。

高考后，徐兵河被湖北医科大学录取。大学里的他，慢慢开始喜欢上自己的专业，学习成绩在年级中一直名列前茅。他喜欢钻研和思考，觉得自己适合做科研，也适合当一名内科大夫。从刚工作时肿瘤几乎被等同于绝症，到治疗效果明显提升，徐兵河见证了中国肿瘤学科的发展历程，尤其是在他专注的乳腺癌领域，患者的5年生存率已经可以达到90%。

这一历程，徐兵河既是见证者，也是“奇迹”的创造者之一。作为国际知名肿瘤内科和乳腺癌内科治疗专家，徐兵河长期致力于乳腺癌关键技术研究与抗肿瘤新药研发，在乳腺癌临床和转化研究领域取得了诸多具有国际影响力的系统性原创成果，解决了个体化诊疗领域多个难题，建立了个体化诊疗新方法、新模式和新策略，显著提高了患者生存率，引领我国乳腺癌实现个体化精准诊疗的重大转变，通过从建立临床试验平台到牵头国际和国内多中心临床试验和转化研究，推动了我国抗肿瘤新药创制及走向国际，他的研究成果写入多部国内外规范和指南，改变了乳腺癌临床实践。

在癌症治疗与药物研究的国际舞台上，徐兵河多次发出让世界震撼的“中国声音”。他坐镇的中国医学科学院肿瘤医院内科，也在国内数个版本的医院和科室排名中位列首位。他改变了乳腺癌临床实践。以往，在国际学术界和国际指南的制定阵容中，西方学者一直都是主角，徐兵河则是打破这种局面的“东方来客”。2013 年，他成为第一个代表亚洲参加国际晚期乳腺癌共识指南（ABC）制定的专家；他牵头完成了中国首个获批上市的治疗乳腺癌的小分子靶向药物、首个 CDK4/6 抑制剂、首个中欧双报并批准上市的国产生物类似药等系列具有代表意义抗肿瘤新药的临床试验。

45 年后的今天，徐兵河说，他格外珍惜高考的机会。“高考改变了几代人的命运，恢复高考是当代中国最重要的事件之一，高考和上大学，给我提供了一个学习的机会，也改变了我的人生轨迹。”

现在，徐兵河依然奋战在临床和科研一线，一早到医院病房看病人，他要出门诊、带学生，做临床研究、参加新药临床试验和其他学术会议，还要给本科生、研究生、进修生上课，经常忙到晚上 9 点多才能回家。

讲述

一位老乡骑车带我去高考

新京报：您是哪年参加高考的？当时的情况是怎样的？

徐兵河：我是 1977 年，也就是恢复高考的第一年参加（高考）的。那时我 19 岁，高中毕业刚两年。高中毕业后我回家乡，先在林场工作，后来又当起了民办教师，教小学五年级和初中一年级的数学、物理。我还是班主任，要备课、教学，还要做好班级管理工作，其实任务挺重的，没有太多闲暇时间。

不仅如此，我们学校食堂那时就只有一个师傅，年纪也不小了，我又是学校里比较年轻的老师，一有时间，就去帮着师傅挑水，也跟他学做饭，他教我怎么切菜不容易切到手，我就是在那个时候学会做饭的。后来在美国留学的时候，我是留学生中做饭最好的。我刚结婚那会儿，住在单位宿舍，还有很多同事过来看我是怎么做饭的。（笑）

知道恢复高考的消息后，我就开始利用业余时间复习功课。其实挺匆忙的，准备起来也不容易，因为我读高中的时候，就分为农技班、农机班、会计班等，我是会计班的，语文、数学都挺好，但物理、化学知识相对贫乏，也有点儿偏科，我当时跟一个老乡一起复习，他的物理成绩很好，我们就互相帮助。就这么准备了一段时间，就去考试了。

新京报：当时高考，有什么印象深刻的事情？

徐兵河：我所在的小学离考点有 10 多里路，我也没有其他交通工具，那会儿谁家有辆自行车，就算是个很富裕的家庭了。后来是一位一同参加高考的老乡，每天骑车把我带过去。高考那几天，我早上 6 点起床，自己带点儿干粮中午吃，下午考完，那位老乡再把我带回来。那会儿基本都是土路，也少不了上下坡，不像现在这么便利。

不是自己喜欢的专业　一样能学好

新京报：大学生活是怎样的？怎么会选择医学专业？

徐兵河：我其实一开始想报考工学、军工相关专业，但后来被湖北医科大学录取了。虽然我到现在都不知道自己的高考成绩，但入学后，负责招生的组长跟我说，我的成绩是很好的。

可能因为所学专业不是自己的第一选择，我大学头半年的成绩并不好，当时就老想着是不是有机会再考一年，能重新选个自己喜欢的专业。当时班里有 25 个人，第一个学期的成绩出来，我排在中下游水平。但我骨子里是个很要强的人，对这个成绩并不满意，就开始用功，也在这个过程中慢慢喜欢上了医学专业。以至于经常是上了一天的课，晚饭后，我就跟同学一起在图书馆继续学习。那会儿除了学习，也没有太多其他想法。后来，我每门课成绩基本都在 90 分以上，毕业时的平均成绩达到了 92 分，当时毕业留校要求平均成绩达到 85 分，我排名第二，获得了留校的机会，在学校附属医院工作。

我个人的感觉是，很多人在年轻时，其实并不十分清楚自己要学什么专业，不是自己十分喜欢的专业，一样能学好，在了解的过程中会重新认识。后来我觉得我挺适合学医的，我挺喜欢接触人，对患者也比较有同理心，也愿意钻研，什么事情都要弄个明白，能专注在自己的专业领域，这些特点都适合学医。毕竟医学是个经验科学，不善于学习和总结，很难做好。

新京报：您之后又如何进入了肿瘤科这一领域？

徐兵河：那时候，大家都愿意选择到内科、外科这样的大科室工作，像肿瘤科这样的小众科室，几乎无人问津，大家都不愿意去，那个年代，肿瘤的发病率比现在低，大家把肿瘤几乎等同于绝症，我们的应对办法也有限，除了手术和放疗，基本就是姑息治疗，不像现在方法这么多，肿瘤科医生的挫败感可能比任何一个科室都明显。

我被分到了肿瘤科，当时包括手术、化疗、放疗、妇科肿瘤等，都在我们这个科里。我第一年在放疗组，当时的放疗设备还比较简单。但一提到放射治疗，大家对射线也很恐惧，我们医院的肿瘤科都不在医院大楼内，而是在医院大院里一个角落，两层楼的房子，就是肿瘤科的“地盘”。这种布局让我们觉得，每天上下班都低人一等。

现在肿瘤的发病率升高的同时，治疗效果也越来越好。以乳腺癌为例，现在的 5 年生存率可以达到 90%，这在以前是不可想象的，那时候即便具备手术条件，也缺乏术后的辅助治疗措施。

新京报：为何一直在走继续求学之路？

徐兵河：我自己觉得，还是应该到外面的世界去看看，老在武汉待着，视野还是不够开阔。工作两年后，我又成为恢复高考后的第一届临床型研究生。

1984 年，我考入中国协和医科大学肿瘤医院内科，以当年第一名的成绩，成为孙燕教授（中国工程院院士，国内肿瘤学界泰斗）的第一个研究生。很多同行都愿意做外科，想拿手术刀，但我觉得，肿瘤病人死亡的主要原因是远处转移，而内科治疗就是为了预防和治疗肿瘤远处转移，肿瘤内科治疗的重要性会越来越大，于是就选择了内科。

我后来又到国外工作了几年，1991—1993 年我在美国做访问学者，先后在迈阿密、匹兹堡的科研机构。两年多的时间里，我以

徐兵河在美国做访问学者时于住所前留影。后谢绝导师挽留，于 1993 年年底毅然回国。

第一作者的身份发表了 5 篇科研文章，涵盖了当时的几家顶级医学期刊。我的导师希望我留下来，给我们医院写信，希望能够延长访问期。但我坚持回国，导师就给了我两年的往返签证，希望我想回去时就能回去。

1993 年年底，我回到国内，好多同行都说我傻，但我没想那么多，我就觉得出去是学东西的，东西学到了，就回来，而且国内的环境也更适合我。我又在 1996—1999 年在国内完成了博士阶段的学习。

门诊、查房、科研、教学 排满每天日程

新京报：现在，您也是一名老师。您算严厉的老师吗？

徐兵河：我对学生要求不算严格，我不会把自己的想法强加给学生，他们自己想做什么（研究）就做什么，我一般都是给他们一

个方向，然后我们一起讨论他们想法的可行性等。做科研要沉下心来，兴趣是最重要的。我觉得做老师的，更多是引导，以启发式教育为主。他们毕业后愿意去国外深造的，我也支持。

新京报：您现在每天的日程是怎么安排的？

徐兵河：我一般早上先到医院，到病房看看病人的情况，然后早上8点半开始或出门诊，或参加病房和科室查房。门诊结束就中午了，我通常是利用午饭的时间，边吃边跟学生交流科研问题。

下午，我得参加药品临床试验相关会议、专家讨论会，负责主持新药临床研究的工作。在这些安排之外，我还有科室例行科会等许多行政事务，以及大量教学任务、参加病人会诊、学术会议、给学生和年轻医生修改论文、指导他们申报各种科研课题等。如果是晚上给学生上课，那就得9点多才能结束。总体来说，每天的日程安排还是挺满的。

新京报：如何看待高考对您人生的意义？

徐兵河：高考改变了几代人的命运，是一件了不起的事，我心存感激。在我上学那个年代，家里穷得想吃点儿干饭都很难，都是喝很稀的粥，鸡蛋、肉更是只有过年、过生日的时候，才能吃到。除了穷，我们在各方面都还很落后。我格外珍惜高考的机会，高考和上大学，给我提供了一个学习的机会，也改变了我们这些大学生的人生轨迹，所以大家在大学里学习都很刻苦，都很珍惜来之不易的学习机会。

新京报：对青年学子，您有怎样的寄语？

徐兵河：坚持自己的梦想，愿意为梦想付出努力。为梦想而奋斗，努力就有收获，奋斗必有结果。

记者手记

肿瘤“狙击者”徐兵河

在中国肿瘤内科领域，徐兵河是继孙燕院士之后的又一位院士。之所以会成为记者“锁定”的采访对象，与徐兵河所在领域的变化和他本人的经历都有关系。

多年以来，乳腺癌的发病率位居女性恶性肿瘤之首。世卫组织国际癌症研究机构最新发布的数据显示，2020年全球乳腺癌新发病例达到226万例，取代肺癌成为全球第一大癌症。而这位与乳腺癌打了几十年交道，改变了乳腺癌临床实践的院士，到底是怎样的一位肿瘤“狙击者”？公开报道中，徐兵河院士更多是在做好科普，讲述着他的专业，但他本人的故事，鲜有报道。近几年来，本土创新药物频频上市，抗肿瘤药物又是其中大户，在日常诊疗工作之余，他还牵头完成了多个国内首创同类抗肿瘤药物临床试验。作为国家新药（抗肿瘤）临床研究中心主任的徐兵河，对本土创新药又有着怎样的期待？

让记者没想到的是，自带“光环”的抗肿瘤院士，私下是一位和蔼可亲的医生形象。

采访沟通过程再简单不过，看过采访提纲，他就已经开始和记者商量采访时间安排。在位于朝阳区潘家园中国医学科学院肿瘤医院内科病房区办公室，记者见到了徐兵河院士。不大的办公室中，除了工作电脑，几乎都被书柜和收纳架占据，书籍、学术杂志、一些期刊和学术委员会的聘书几乎把空间占满，且排列整齐，同行的摄影记者也感叹：这是他见过的最整齐的医生办公室。书柜的一角放着学生为他制作的卡通形象，成为这个充满学术气息的办公室中的一些活泼成分。

整个采访过程中，面对每一个问题，他都笑着回答，但依然有着科学家的严谨。毕竟距离他参加高考已有40多年，每一个细节，他都在反复回忆，确定答案。“我好像是到现在都不知道我的高考成绩。”“采访过程中是不是要录像？”“我的办公室不大，你看能不能满足摄影需求？”稿件中提出的给高考生寄语问题，徐兵河也思考了良久，最终提供给记者的，也是他斟酌几个版本后的选择。因为他把高考看得很重要，采访中他也多次提到，高考改变了包括他自己在内的很多人的命运，他对改革开放心存感激。

谈到国外留学经历，在他婉拒了导师延长访问期的建议后，导师希望他能把研究方法教会三个同学再离开。徐兵河的眼神似乎在放光，那一刻，他应该是骄傲的。正如他自己所说，他内心很要强。现在他希望能“要强”的，是整个医药行业。

徐兵河期待着国内基础研究水平能够快速提升，提升源头创新能力，他希望能有更多中国原创型研究成果出现。

新京报记者：张秀兰　编辑：岳清秀　校对：柳宝庆

于贵瑞：

曾对光学产生兴趣，最终考上农学院

保持好奇
寻知思理
求真务实

于贵瑞

中科院院士、中科院地理科学与资源研究所研究员于贵瑞是恢复高考后的首届大学生。读初中时，一位下乡的知青教师点燃了他的科学梦，也给他留下了“大学生水平高”的印象。几年后，他自己成了一名大学生，希望学以致用，为国家发展做出些贡献。

于贵瑞说，在大学里，他收获了基础知识和可贵的理念。“其中的‘用地养地相结合’和‘维持生态平衡’等科学理念影响了我一辈子，奠定了我研究生态系统及区域资源环境问题的理论基础。”

我国提出2030年碳达峰与2060年碳中和目标，提升生态系统碳汇能力是实现“双碳”目标的重要技术途径。早在2002年，于贵瑞就设计创建了中国陆地生态系统通量观测研究网络（ChinaFLUX），致力于评估和认证中国区域陆地生态系统碳源/汇功能格局及增汇潜力。

1959年，于贵瑞生于辽宁省大连市新金县。1982年，他毕业于沈阳农业大学农学系，1993年获沈阳农业大学土壤学（土壤物理与改良）博士学位，1997年获日本千叶大学环境学（环境物理学）博士学位。

作为生态学家，于贵瑞早期的研究领域为作物栽培学与耕作学、植物生理生态学、土壤物理与改良学、农业气象与环境物理学。近20年来，他致力于我国生态系统观测研究野外台站网络建设、联网观测实验及综合科学研究事业；着力推动生态学、自然地理学与全球变化科学的交叉融合，开拓生态系统生态学、全球变化生态学及生态地理学等新兴学科。

1999年以来，他以生态系统与全球变化、生态系统碳氮水通量及其耦合循环过程为研究主题，先后主持实施了9项国家重大科学研究任务。研究成果“中国生态系统研究网络的创建及其观测研究和试验示范”获2012年度国家科技进步一等奖。主持完成的“中国陆地碳收支评估的生态系统碳通量联网观测与模型模拟系统”和“陆地生态系统变化观测的关键技术及其系统应用”研究成果分别获得2010和2011年度国家科技进步二等奖。

在做科研的同时，38年来，于贵瑞不曾离开过三尺讲台。1984年起，他分别在沈阳农业大学、日本千叶大学承担教学任务。2000年回国后，于贵瑞应邀成为中国科学院研究生院《全球变化研究进展》前沿讲座授课团中的一员，在现在的中国科学院大学主持开设了《生态系统研究的基本原理与实验方法》《生态系统生态学》及《大尺度宏观生态系统科学》三门核心课程，出版专著或教材15部。

2014年，于贵瑞被聘为中国科学院大学岗位教授，生态系统生态学教研室主任。他注重结合多学科背景，采用知识发展脉络进行授课，让学生形成系统化的科学认知体系。

2020年，他被授予中国科学院大学最高级别教师荣誉奖“李佩教师奉献奖——优秀教师奖”，以表彰他在“立德树人、教书育人”中做出的突出贡献。

讲述

最初念书的动机是因为好玩

新京报： 您青少年时的学习环境是什么样的？

于贵瑞： 1959 年，我出生于辽宁省大连市新金县的一个山村，就是现在的大连市普兰店区四平街道雨林社区冯屯。我的三位姐姐都没有读书机会，我是家里第一个上学的孩子。

最初，我在四平人民公社雨林大队的北岭小学读书。这所小学离我家很近，教孩子的老师都是村里略有文化的人，严格意义上来说，从一年级到四年级，我并没有接受正规的系统教育。五年级时，我转到了雨林大队的中心小学，这所小学人比较多，我们年级有正式的三个班级。在我记忆中，这才是我正儿八经上学的起点。

那会儿的山村没有电灯，我常在煤油灯下写作业，灯油快耗干了就赶紧睡觉。这不是我不想熬夜，怕吃苦，而是怕家里没有钱买灯油。我的爷爷就叨咕过，说都成大小子了，还不下地干活，给家里挣工分，上学有啥用。但我妈妈特别支持我读书，她虽然没有文化，但经常给我讲些典故和谚语，表达她期盼后代有文化的心愿，她坚信人没文化不行，说只要我愿意读，她就会一直供下去。

新京报： 您好学的动力是什么？

于贵瑞： 说实话，我最初念书的动机就是好玩，而不是经常听到的儿时就有什么远大理想。当时的感觉就是学习好、考高分心里高兴。期中和期末考试时，我经常提前交卷，老师马上就批卷子，别的同学还没答完题，我已经知道分数了，还经常是 100 分，我就高兴得不得了，有时丢几分就会很遗憾。

我初中时所学的数学知识很快派上了用场。当时的农村家家户户要给生产队上交农家肥，叔叔大爷们最早是以装了多少车来计量，后来又将肥料装进筐里，一筐一筐地计量农户上交肥料的数量。我对他们说这样又累又麻烦，还出了一个主意，把肥料堆简单地修整成台体或者椎体，通过量其长宽高算出体积，以立方米计量。他们采用了我说的方法，还夸奖说老于家这小孩儿懂得真多。学以致用，这让我很得意，也意识到了知识的重要性。

我上高中时，家里离学校大约有 8 里地，开始很多小伙伴还和我一道上学，后来他们都没有坚持下来。傍晚放学回家，一人走在空无一人的大岭上，又困又累，经常半睡半醒地闭着眼睛走路，发现走错了就再折返回来，但我始终没有放弃读书。

因科学启蒙老师对大学生产生好感

新京报：在正式高考之前，您对大学有怎样的印象和期待？

于贵瑞：我们初中有一位老师叫周学海，是大连海运学院毕业的下乡知识青年。大家都说他是大学生，我那会儿对大学及大学生也没有什么概念，但是他给我们上课感觉就是水平高，跟其他老师不一样。他的教育和影响让我受益匪浅，并对大学生留下了很深的印象。当时他还从班里挑了几个乖巧好学的孩子，组成了类似现在的课外兴趣小组，带大家做一些物理学小实验，比如，做万花筒、静电实验等，这也许成了我的科学启蒙课，也让我对光学产生了兴趣，以至于后来参加高考时，我第一个志愿报的就是光学专业。

1976 年我念高二，记得有一次，班主任徐广厚老师语重心长地跟我们谈话，大意就是，你们这些孩子被“文革”耽误了 10 年，得抓紧剩余时间好好学习，不然未来中国的发展怎么办？班主任中肯的话语和忧国忧民的神色让我很受触动，似乎明白了作为一个有为青年的社会意义，也增添了些责任感。1977 年毕业前，班主任又突然说国家可能会恢复高考，我们或许有机会考大学。

新京报：您还记得参加高考前后的经历吗？

于贵瑞：虽然听说可能要恢复高考，但我们毕业时的形势不明朗，我也没有刻意等待，就回乡参加集体劳动。当时生产队搞建设需要石材，我上山打钎放炮炸石头、劈石材，经常揣着几本书在劳动的空当阅读。后来我听说很多高中同学都在报考大学，暗自心想，其中如果有人能考上大学，那么我也应该能考上，所以也决定报考一试。当时我的化学学得不好，因为化学老师虽然教学水平高，但他镇不住课堂，经常因学生调皮捣蛋愤而离去。正式报考后，我很担心化学科目的考试，在家里还猛补习了一番。

当年的高考不像现在这样受到重视，没有备考的辅导、考前添加营养，也没有家长护送，我当天一人背着书包，早晨起来步行 8 里地就去考试了。考场也很熟悉，就在我就读的高中，中午人民公社还为考生们提供了午饭，下午考完走回家，第二天再来。记忆犹新的是，当时的语文作文题目是谈理想的选题，恰巧我在高中做板报时，写过一篇学习雷锋思想的作文，我稍加改动，很顺利就完成了写作。

新京报：您是如何选择学校和专业的？

于贵瑞：高考后，我回到生产队干农活，有天正在修梯田，一个亲戚骑着辆破自行车，兴冲冲赶到我所在的工地上，通知我考上了大学，让我赶紧去人民公社报到，去了后才知道是通知参加体检。后来又经过漫长的等待，我终于得到沈阳农学院的录取通知书，通知我到铁岭报到，又隔了一段时间，我被通知春季到沈阳报到。

其中还有段小插曲。在填报志愿时，我高中的班主任建议我报考沈阳农学院的农学专业，问他为什么，他说名字中带“学”字的专业都是研究学问的，农学院中就农学最有学问。但我有些不甘心，心想自己就是农村出来的，从小就种地，农学可能“没有什么好学的”，毕业后不是还回农村种地吗？我背着老师，偷偷把第一志愿改成了吉林大学光学系，第二志愿填写了鞍山钢铁学院。

结果，我考上的是最后一个志愿——沈阳农学院。我犹豫要不要去读书，妈妈劝我别挑了，既然考上了就赶紧去吧，有大学上就不错了。那年刚刚恢复高考，我的一些老师也参加了高考，很遗憾他们反而没有考上，我们人民公社只有我和另外一个女生考上了大学，还有几个人考上了中专。后来我才知道，我报考的沈阳农学院在“文革”中被搬到了铁岭，改成了铁岭农学院，恢复高考时才改回了沈阳农学院搬回沈阳，所以我们比其他学校学生报到的时间都晚。

除了基础知识，在大学也收获了理念

新京报：您的大学生活是如何度过的？

于贵瑞：前往沈阳上大学之前，我连县城都没有去过。我背上父亲临时制作的大木箱，独自坐上火车到大学报到。当时沈阳农学院的操场还是苞米地，学校的大多校舍和教学楼还被工厂占着。我来到宿舍，一进门看到一个比我大很多的人，上去就叫人家老师，询问哪张床是我的，结果这是我的同学。我们这一届是恢复高考的首届大学生，积攒了10余年的青年报考大学，所以我们班大部分同学比我大三四岁，最年长的比我大12岁，有些人当过中小学老师、大队干部，我觉得他们懂得很多。还有一件事让我吃惊：他们会说英语。而我从来没学过外语，高考时也没有外语科目，这让我心里有了落差，感觉心理负担很大，只好勤奋追赶。宿舍到点必须关灯，我和一些同学就在走廊灯下学习。

1984 年秋，于贵瑞（右一）与硕士导师陆欣来（右二）、师弟任天志、窦学承（左一、左二）在沈阳农学院校园合影。

在学习上，我的习惯是不去死记硬背知识点，而是梳理和理解一门课程的各章节逻辑关系、重要知识点的内在联系。我经常通过画图的办法把知识脉络串联起来，比如，学习有机化学时，我就绘制了一张图，把所有的化合物质联系起来，注明某物质在什么条件下会发生什么变化，怎样转变为另一种物质。

还记得第一学期考数学的前一天晚上，我很紧张，翻来覆去睡不着觉，一晚上把课本中的各类公式在脑子里推导了好几遍。当时心理负担很重，以至于刚看到数学考卷时我就蒙住了，大脑处于空白状态，前半个多小时静坐在那里，连笔都没有动，后来才缓过劲儿来，开始答题。结果那次考试我竟然考了满分，提振了自信心。从那时候起，我不再怕比我年长的同学们了。后来由于我成绩一直很好，每年都能被评上三好学生。

新京报：大学给您带来了哪些收获？

于贵瑞：我觉得，恢复高考后的 77 级、78 级学生，都是“文革”十年中留下的精英。不想学习、不爱学习的人，已经在十年间都“出局”了。大家都觉得，这是国家给我们的机会，我们都有对知识的渴望，对科学家的崇敬，大家如饥似渴地想多学知识，都想为祖国干些实事儿。在这种奋发的氛围下，我也自然而然地努力学习。

我们的农学系当时有八大讲师，他们的课都讲得非常精彩。除了基础知识，我收获更多的是科学理念。硕士研究生阶段，我学的是耕作学，其中的“用地养地”“生态平衡”及“系统工程”等科学理念影响了我一辈子，奠定了我现在研究生态系统及区域资源环境问题的理论基础。自己第一篇学术论文性的习作主题就是试论用地与养地相结合。

新京报：对于高考考生，您有哪些建议？

于贵瑞：我认为，不同的时代有不同的社会需求，年轻人要坚持正确的价值观，在面临升学、求职等重大抉择时，要融入社会发展大潮，顺应时代的变化，不必去苛求自己。最为重要的是自己的勤奋、坚韧，骨子里要有奋进、负责任和不服输的精神。

年轻人要保持对自然的好奇心，有了解新知识的欲望，有广听博学的习惯，更要有打破砂锅问到底的劲头，做到勤俭奋进、求真务实、学以致用。

记者手记

为国家的需求做研究

对于贵瑞院士的采访，在中科院地理科学与资源研究所进行。采访进行了三小时，每回答一个问题时，他都会把事情的来龙去脉讲清楚，像一位负责任的老师在细致讲解答疑，认真程度可见一斑。

问及对于即将参加高考的学子的建议和期待，他翻开随身带着的笔记本，有两页纸写得满满当当，“分门别类”列成几大点，这是他经过深思熟虑，准备的“答案”。

这些建议像他的人一样朴实真诚。他把善良列在了首位，认为忠孝、勤奋、坚韧等品德在青年成长过程中也不可或缺。他用自身经历诉说“坚韧”的重要性——在研究玉米光合作用的气孔控制机制时，他后半夜就要摸着黑起床，赶在黎明前到田里，观测气孔早晨何时开启，光合作用和水汽蒸腾一天中如何变化，一坚持就是两三年。

他坦言，自己并非年少就有了远大理想，而是一步步、踏踏实实走来，才有了今天的一番成就，建议青年在人生发展阶段不要过于苛求，学业有专攻，要以更加平和的心态，参与到高考这种人才选拔和培养机制中。

于贵瑞认为，“适应变化”也是年轻人的必修课，青年人的选择要和国家发展需求相统一。在研究当下热门的“陆地生态系统碳汇”之前，他的研究方向也几经调整。

他告诉我，大学期间，他的本科专业是农学，研究高粱物质生产的生理生态学；硕士研究生阶段，他全心钻研耕作学，还为学生讲授耕作学课程。“耕作学研究的核心是耕作制度，与土壤、植物、气候、水都是相关的，仅有作物学的思维是不够的。”他说，毕业后他留校任教，研究种植业系统和农业系统工程，系统思考农田生态、农业和农村问题。读博期间，他拓展了自己的知识边界，选择了土壤物理和土壤改良专业。

机会总是留给有准备的人，后来他经老师推荐赴日留学。日本导师看到他的材料后，亲自向日本文部省写了推荐书，称于贵瑞学过作物学、耕作学和土壤学物理学，正在致力于土壤—植物—大气系统水分运动的科学研究工作。“但此人缺乏的是气象学知识，期望他能来日本学习，我教他相关气象学知识。”

在日本学习和工作了8年，于贵瑞于1999年作为“国家引进海外杰出人才”被引进回到祖国。他告诉记者，他至今还很感恩自己的日本导师中山敬一先生，这位导师在他离开日本时嘱咐，中国未来是很有希望发展起来的，但是现在还处于土木工程建设和发展阶段，应该多用工程建设的思维考虑相关工作。

“这些嘱托给了我很大启发，回国后，我的很多工作不是为了写论文，而是把做好每件事、完成每一个建设工程任务当成自己的奋斗目标。”2001年起，他投入了中国生态系统研究网络建设工程，推动国家野外台站网络及科技资源共享事业的发展。

如今，应对气候变化问题备受关注，但于贵瑞早有先见地开展了相关研究。2001年，他就提出建设中国陆地生态系统通量观测研究网络（ChinaFLUX）计划及设计方案，他主持了中国科学院知识创新工程的第一号重大项目“中国陆地和近海生态系统碳收支”，奠定了我国生态系统碳循环过程科学研究的基础。2011年，在科学院启动的“应对气候变化的碳收支认证及相关问题”战略性先导专项中，他作为生态系统固碳项目主持人（第二首席科学家），带领大家基本摸清了中国陆地生态系统的碳库家底。

当前，我国提出“双碳”目标，中科院正在组织相关科学研究，于贵瑞仍然兢兢业业地工作在岗位上，规划着我国实现碳中和目标的生态系统碳汇研究计划，致力于探索国家碳中和战略，研制我国生态增汇的技术方案。

“不同的时代有不同的学科发展态势，总有需要解决的科技问题，我们要找到这些问题，扎实地开展深入研究。”这位科学家以自身的经历，为青年人的发展提出了真诚的期许。

新京报记者：张璐　编辑：刘茜贤　校对：陈荻雁

成秋明：

年轻人不要怕走弯路，修正的机会有很多

祝同学们

打好基础，重视爱好，

选好方向，培养兴趣，

設定目标，努力奋进。

成秋明

成秋明，现任中山大学教授，中国地质大学（北京）教授、地质过程与矿产资源国家重点实验室主任，国际地质科学联合会前主席，联合国教科文深时数字地球与矿产资源教席教授。

1960 年，他出生于山西晋中太谷县的一个小山村。幼年受家庭成分影响，他求学的经历并不是一帆风顺，但学习从未松懈。从本科、研究生毕业到留校任教，再到出国留学，这期间他的经历用一句话概括，就是“把专业里能学的都学了一个遍”。

高考志愿选地质是“盲选”，这个专业他并不喜欢。但他没有放弃学习，最终凭借着对数学的热爱，走上了数学地球科学研究之路。“机会总会来的，能不能抓住就要看你是否努力。”回忆起自己的求学之路，成秋明说，“年轻人不要怕走弯路，修正的机会有很多。”

成秋明主要从事数学地质、矿产普查与勘探领域的研究，积极推动数学地质从传统的统计地质学为主，发展成为一门更具普适性的学科——数学地球科学。

在他的履历中，有过多次“破格”“首次”或“唯一”。

1991 年成秋明到加拿大留学，于 1994 年获得渥太华大学博士学位，并荣获当年全校唯一的优秀博士论文奖。一年后，担任加拿大约克大学理学院（地球空间科学与工程系）和文学院（地理系）双系终身教职，并在之后几年中很快晋升为副教授和教授，两次都是学校主动要求为他“破格”晋升，不仅间隔时间短，而且年龄最年轻。

1997年成秋明获得国际数学地球科学学会（IAMG）杰出青年科学家奖（主席奖），并特邀在巴塞罗那举行的第四届国际数学地球科学大会上做大会主题报告，是第一位华人科学家在该系列年会上做大会特邀报告；2008年在挪威举行的第33届国际地质大会上，他荣获国际数学地球科学学会（IAMG）的最高奖——克伦宾奖章，成为获得该学会青年科学家奖和最高奖两项殊荣的全球第一位科学家，也是当时获得最高奖的最年轻获奖者。

作为国际知名的数学地球科学家和矿产勘查学家，他长期从事定量地学研究，将非线性数学、计算机信息技术与地球科学结合，选择了地球系统复杂和极端地球事件（地震、火山、成矿等）定量模拟与预测这一科学难题开展科研攻关，创立了地质过程奇异性理论与方法体系，被成功应用于矿产资源、海洋中脊热流异常、大规模岩浆活动等极端地质事件的定量模拟和预测评价。研究成果被全球矿业与环境领域广泛应用，得到了国际同行的高度认可和评价，被认为"成功推进了非线性理论在固体地球科学中的应用，不仅对地球科学，且对物理学和数学均具有重要意义"。

2012年，成秋明当选国际数学地球科学协会（IAMG）主席，成为首位非欧美学者担任该职位。担任主席期间他积极推动数学地质从传统的统计地质学为主，向一门更具普适性的学科——数学地球科学的发展。2016年，他成功当选国际地质科学联合会（IUGS）主席，成为首位数学地球科学家担任IUGS主席，掌管这一全球地学领域规模最大、最具影响力的地学联盟组织。2019年他当选国际科学理事会（ISC）首届科学规划委员会委员，2020年当选欧洲科学院外籍院士，2021年获得国际应用地球化学家学会（AAG）最高奖—AAG 金奖。

“我曾经在海外学习、工作、生活 20 多年，响应国家召唤，入选国家特聘专家全职回国，多年的海外经历和长期的国际学术组织任职经验也告诉我，只有深度参与全球科技治理，贡献中国智慧，才能推动构建新型国际关系，构建人类命运共同体。”他不仅活跃在当前国际地球科学领域，同时也把“发出中国声音，讲好中国故事”当作自己的岗位职责之一。

讲述

谈高考备考
一波三折的高中：一年换了三个学校

新京报：您是 1978 年参加的高考？当时的高考是怎样的？

成秋明：实际上我一共考了两次，1977 年我就参加了一次高考，那时我高一上了几个月。我出生在山西晋中太谷县任村乡东卜村，当时家里成分不太好，母亲是“富农”，父亲是“坏分子”，“文革”期间推荐贫下中农上大学，我们是没有资格上高中的，我哥哥姐姐只上到了初中。

我家对教育很重视，我母亲说，孩子看书学习，可以不干活。所以我学习一直很刻苦。

初中毕业后，赶上村里的大队临时办了个高中，初中班主任跟我父亲很熟，就让我“别注册，偷偷地来”。班里 39 个学生，上着上着还剩 11 个。班主任说：“你干脆考个中专吧，这学校快‘黄了’。”结果高中生不让考中专，只能考大学。我刚上高一，肯定是考不上，但还是想去试一试。

这次考试，也算是从一定意义上改变了我们班的命运。这次虽然没考上，成绩却还不错。乡里的高中觉得“还有点儿希望”，就把我们这 11 个人“收编”进了乡中学。

到了乡里的高中感觉就比较正规了，两个班一百多个学生。这时离高考也不远了，在乡高中大概上了一个冬天，同学还没认全，就要准备高考了。参加全县模拟考试，我数学几乎考了满分。正好县里为了高考，在各乡统考选拔，我被选进了集训班。这个班和太谷县高中正常的班编班不一样，叫“理 5 班”，集中从各乡选拔来的学生，集训 3–4 个月。

新京报：到了县里的高中，感觉有什么不同？

成秋明：当时选上了，去不去？乡中学的老师还给我做动员：你要是留在咱们这个学校复习，我们几个老师辅导你一个人；你要是去县高中，几个老师辅导一群人。但我还是去了，因为我从村里到乡里，觉得眼界开阔了不少，从乡里到县里，那又上了一个台阶。

到县里第一感觉是长见识了，老师都讲普通话，宿舍也挺好，不像乡里都是住窑洞。那时候总感觉饿，发的粮票男孩子吃不饱。到了县里后，能吃上供应粮了，就是城市人的待遇了。

新京报：当时备战高考是什么样的状态？

成秋明：在乡里需要参加劳动，在县里集训的 4 个月，不用劳动，但学习强度很大，那种高强度的训练我记得非常清晰。特别喜欢的是我们当时的教室，很高，墙上全部都贴了各种数学、物理、化学题。你坐在教室里，看着墙上的题，就可以思考，心里琢磨怎么做。我们上学的时候书很少，不是人人都有书看。

备考每天都是做题、模拟考试。我数学很好，被选进了县里的数学竞赛班，老师不停地换各种数学题。最后数学竞赛考进了省里排名前 20。那时候老师天天和学生在一起备考，基本上除了学习，没有别的活动。

不懂如何报志愿，“盲选”了专业

新京报：填报志愿时，您怎么选择了学地质？

成秋明：高考完回家解散之前就报志愿。我在村里生活了 17 年，没有接触过什么叫专业，农村接触的都是农民，有几个远房的舅舅从抗日老根据地来到了城里，他们也不懂什么叫专业。我还记得班主任在高一时跟我讲的，他说：“如果你考上南方的大学，那就带扇子去；你考上了东北的大学，那就带棉衣去。”在我心目当中，这就是大学。

报志愿这天，县教育局局长在办公室对三四个学生讲怎么报志愿，我就在门外听。只听他说：“你看省外的大学，有河北地质学院、唐山铁道学院、上海纺织学院……”他一边说，我就一边勾，他说完了，我志愿也填完了。当时也没和家里人商量，就觉得省外的肯定比省内的好。

最后录取到第一志愿第一专业，位于张家口宣化的河北地质学院。

新京报：去上大学都做了哪些准备？家里有人送吗？

成秋明：那时候上大学都是自己去，通知书上会告诉你怎么坐车。我还会木匠活儿，自己做了个小箱子。我奶奶过世后留下的褥子给我了，我二姨夫做了一个毡子给我当被子。毡子硬邦邦的，盖在身上，就像钻进山洞。我父亲赶个车，给我送到了火车站，我就自己去了河北地质学院。

上了大学，关系也转到学校了，就真正是吃“供应粮”了。我还记得在学校吃的馒头，长条的，我们叫“脚丫子馒头”，4两1个，可以吃饱了。另一个变化是住上了楼房，同学都来自五湖四海，77级和78级混住在一起，10个人住一间，有军人，也有老大哥，我是最小的。

谈大学生活
对专业不喜欢，学习仍然很认真

新京报：您后来怎么会从长春地质学院（现吉林大学）毕业？

成秋明：到了大学，对学习还是很渴望的，在学校要学数理化和地质课。这时我才发现，地质课怎么是这样的呢？要学矿物的形状、颜色、硬度、味道……这不和我们家种地是一样的吗？去八达岭实习一路上看花岗岩，我又晕车，特别遭罪，当时，我对这个专业特别不喜欢。

但我学习还是很认真，整天去图书馆如饥似渴地看书。在河北地院学习了不到3个月，学校要选拔学生送到长春地质学院，培养数学老师，河北地院有5个指标。我在山西省的数学竞赛中成绩很好，加上我是高分进的河北地院，在学校有点小名气。这时老师就动员我去考。就这样，我又被转到了长春地质学院。

到这里后，开始学数学，我就感兴趣了。这正好就是自己的兴趣爱好。

1985 年，长春，成秋明和导师景毅教授在沟通学术问题。

新京报：考研究生时您又选择了数学地质，为何后来还是回到了地质专业？

成秋明：我们从河北到长春地质学院一共 10 个人，数学 5 个，电子化 5 个。学了 4 年本科后，就我考了研究生，他们都回去当老师了。

在学校，数学我学得非常扎实。假期不回家，我就在阅览室里做题。在河北地院的三个月，专业课毕竟还是学了一点，后来我学数学的时候，有时间就去听其他的课，对水文地质产生了兴趣。在设计毕业论文时，我就把数学用到了水文模拟。

本科毕业后，我准备考吉林大学的数学系研究生。在离考试还有两个月时，有一个老师来找我，说你考数学地质吧，你数学好，又有地质基础。老师还说，我们有一个出国的指标，你考上来，就让你出国。于是，我就改了专业，转而考数学地质。

好几十人考，我分数最高，最后考上了三个，其中有一个比我小一两岁，他外语好，只有一个出国指标，就给了他。

新京报：读研究生时的学习，是什么状况？

成秋明：我的导师在数学地质研究所，特别认真。他认为我地质学得不够，要重新回去补习。研究生我就进了岩化系本科班，这比水文地质还更偏专业。要补地质课，又给我们找了岩浆岩、沉积岩、变质岩三个老师，单独辅导。我一边听大课，一边吃“小灶”，基本就能满足本科的程度了。

当时研究所在搞找矿，要用到地质的地球化学、地球物理，我又去学找矿。导师又让我去修地球物理勘探。就这样，从本科到研究生，又留校做了5年的老师，我基本上把地质学院的地质、地球化学、地球物理的课程都学了一遍。

新京报：国外留学后，您在加拿大学校任教了，为何最后又选择回中国？

成秋明：1991年我去加拿大留学，1994年获得加拿大渥太华大学地学博士学位。第二年我在加拿大约克大学做助理教授，在校任教期间也很顺利，2002年1月破格晋升为教授。

1996年，第三十届国际地质大会在北京举办，那是我出国后第一次回国。这次回来，就被地质大学聘为了客座副教授，从那以后我感觉有机会能多给学校做点事儿，包括写文章、评审论文，在国外帮忙做些注册之类的事情。2001年，我在赵鹏大院士的推荐下，回国做了长江学者，那时候长江学者不需要全职，主要是做一些合作项目，我还是两头跑。2004年，中国地质大学想组建地质过程与矿产资源国家重点实验室，赵先生就动员我来做实验室主任，一年后，实验室获得成功，这时国内也离不开，加拿大学校那边教课任务也不能减。我评估了一下，还是决定回来为国家做点贡献吧。就这样我就彻底回国了。

寄语年轻人
不管你对选择的专业是否感兴趣，基础要打好

新京报：参加高考并考上大学，对您意味着什么？您考上大学后，家里有没有发生一些变化？

成秋明：可以说高考改变了我的人生轨迹。如果没有村里的临时高中，我现在也留在了农村，像我的哥哥姐姐一样，做点技术活儿谋生。

当年我是乡里考上大学的唯一一位应届毕业生，乡亲们都很羡慕。我考上大学的时候，我父亲的“帽子”还没摘掉。但自从我去了县里参加数学竞赛，家里就已经不再受欺负了。我父亲，包括全家的精神面貌也发生了很大的变化。过去他们一直过得非常压抑。

新京报：您两个弟弟也是80年代考上大学，那时候考上大学并不多见。您考上大学对他们是不是也有一定的影响？

成秋明：我父母一直非常支持我们上学，上到不能上为止。我哥哥姐姐因为出身问题，只念到了初中毕业。我考上了大学，出了省，眼界一下就开阔了，我的两个弟弟也有了目标。我还记得自己在大学里，给他们找各种复习题，后来我大弟弟考上了南京空军气象学院本科，小弟弟考上了东北财经大学本科。我的侄儿侄女，也都考上了地质大学、吉林大学等，这些都是无形的影响。

新京报：对正在求学的年轻学子，您有什么建议？

成秋明：从我自己的经历出发，首先，基础要打好。不管你对选择的专业是否感兴趣，先把它学好，基础是很重要的。其次，要

重视自己的爱好，培养兴趣。我之前接触过一些孩子，发现他们在报志愿的时候，很多都是被动的。如果对专业不感兴趣、不爱好，就很难坚持下去。你的工作和生活乐趣都是一致的，这是最幸福的。在报志愿之前，多通过各种渠道对专业多了解，和父母、老师多商量，提前做一些规划。

另外，年轻人不要怕走弯路，不要有太多负担。即使你报的志愿不对，不是你想学的专业，没关系，还有很多修正的机会。所谓弯路我觉得也没坏处，在弯路上，你可以多学一些其他的专业知识。大学阶段，主要是扩展知识面，如果你愿意，还可以继续往下学。

新京报：对于有意向报考地质的学生，您有什么想说的吗？

成秋明：前段时间，我到珠海两个中学上了两堂课。当时有个孩子说特别想学地质这个专业，但父母不让，他们认为很辛苦。很多人都认为学地质很苦，如果你感兴趣的话，就不会觉得苦。地质勘探的过程，和你花钱去旅游是一样的。但地质员看到的故事，和你去旅游看到的故事，完全不一样。如果你有兴趣和爱好，这个过程你会非常享受。

地球科学这个领域非常宽广，你想搞科学研究，可以做得很深入；想搞工程技术，有各种深海、深空的技术。目前地球科学方面仍有众多未解之谜，等待着被探索，科学理论、技术、方法和应用日新月异，投入其中将大有可为。

记者手记

“地球人”成秋明

院士、国际地质科学联合会主席、国际大奖获得者……想要采访拥有一连串头衔和奖项的大科学家，总是让人感到压力十足。

听说我是为了高考特刊征集稿件，成院士很快答应了我的采访请求。在采访当天，他没有选择隔着办公桌与我说话，而是摆了两张椅子，让我们能面对面地交流，这样的“小心思”让我既惊讶又暖心。满满当当的两个小时访谈，之后又走访了院士团队的师生，他的形象从字面上的大科学家变得有血有肉，我对他的印象也从“压力山大”变成了由衷钦佩。

人们只会赞美光鲜的硕果，很难想象栽种的艰辛。从少时求学、海外拼搏，再到归国奉献，成院士面临着很多的风波和选择，是咬着牙“逆势坚持”还是“顺势而为”？他每一次都选择了前者。更令人佩服的是，他不仅没有因为“势不在我”而陷入“困兽犹斗”的泥沼，反而依靠毅力和智慧，坚守初心，“化腐朽为神奇”地踏出了一条新路子。

比如，上了随时可能“黄掉”的临时队办高中，高一就被迫参加高考，一年换了三个高中，谁也不能保证会有个好出路，但他因成绩不错而成为重点培养对象，纵使环境几多变化，依然坚持学习，最终又成功拿到了高考名额。

考上大学，却“盲选”了一个自己并不了解的专业，一上来就是枯燥的专业课，颠覆了以往的想象，但他因为数学好，机缘之下被遴选进了长春地质学院的数学师资班，走上了地质和数学的交叉学科之路。

研究生期间认真学习，却正好遭遇全球行业大周期，失业率、跳槽率达到峰值，毕业就面临失业。同学纷纷转行，他却不为所动，反而在学完了学校所有地学专业课程之后，又抓住机会学完了所有信息专业的本科生课程，为后面开展地质软件开发打下基础，毕业之后顺利地被加拿大地调局相中，之后顺利入职加拿大约克大学。

认真耕耘了多年的“分形”学术领域，从20世纪80年代人必谈之的明星显学，到新世纪后进入学界反思的发展停滞期。在学界纷纷质疑“分形”只能描绘漂亮图案没有实用性时，他同样没有随波逐流地选择放弃，而是坚持在这一领域耕耘，终于弥补了原有理论的缺陷，实现数学理论突破，使“分形”成为一个有现实意义的数学工具。

成院士身上另一个关键词是“跨界”，你能从他身上看到不同元素、不同学科、不同文化碰撞融合的火花。

一个有意思的情形是——总会有人问他，你到底是勘查学家、地球化学家，还是数学地质学家？这也不奇怪，在学科体系越来越庞杂、学科划分越来越细碎的时代，全才式科学家已成为对20世纪的追忆。用一个小领域界定学者的研究生涯成了当下的学界常态。但就像成院士研究的奇异性地质事件一样，他也成了这个学界的“奇异点”——你很难用一个狭窄的领域来描述他的工作，不然，怎么解释他获得了两个不同领域的国际大奖？

成院士的学生开玩笑说，成院士去做学术汇报，总是喜欢“到什么山唱什么歌”，汇报自己的工作中与这个单位最相关的成果。作为他的学生，团队经常会收到别的领域的一张图、一个公式，紧接着就传来成院士的语音，要探究跨界研究、交叉研究的可能性。也正是在不同领域皆有扎实积累和深刻洞见，他才能将数学地质发展为数学地球科学，将一个主要研究矿产资源的工具发展为研究地球数学性质、数学过程的新兴学科。

除了杰出的学术成就，成院士还有一个瞩目的标签。“他是一个国际学者”，这句话可能是他收到的最多的评价。

从参与国际数学地球科学学会（IAMG）的活动，到成为IAMG的执委会委员、副主席、代理主席，成为亚洲首个担任IAMG主席的科学家，再到成为国际地质科学联合会（IUGS）的主席，国际科学理事会（ISC）科学规划常委会委员，成院士的国际影响力和学术影响力可谓并驾齐驱。

在竞选IUGS主席时，他用英文说了这样一段话："我是一名地球科学家，不仅拥有地质学、地球化学、地球物理学的教育背景，还拥有地球信息学和地球数学方面的教育背景。我不仅代表亚洲大陆、美洲，而且代表整个地球，我是一个'地球人'。"

国际科学组织在国际科学治理中的优势地位和独特作用，是让世界读懂中国的重要窗口。

近年来，习近平总书记多次强调"我们要更加主动地融入全球创新网络"，只有顺应国际科技合作趋势，遵守国际科技合作规范，理解国际科技合作规则，才能融入国际科学共同体，才有发挥积极作用的可能。

成院士是掌握科技规则和践行民主文化，尊重科学价值和奉行合作精神的国内学者代表。他走进了国际地球科学共同体的核心领导层，从而为提升我国科学家在国际地球科学的话语权，促进我国科学家引领地球科学的发展，坚决维护国家利益开辟了新的途径。

"在接受过高等教育的社会成员中，目前最快乐的就是从事科学的人了。"20世纪著名哲学家罗素曾发出过这样的感慨。用这句话来描述成秋明的治学与为人，可能是最合适不过的了。

新京报记者：陈琳　编辑：樊一婧　陈静　校对：李立军

袁亚湘：

我的人生就像是跳远

不断进步，让美好青春绚丽多彩！

袁亚湘

“我曾是农民，而且从心里一直自认为永远是农民。”

“我很想当个诗人，可惜没有天赋。”

“我研究非线性最优化，成绩一般，工作还算努力。”

“我爱读书，买书也是我的爱好之一。”

“我爱打桥牌，现在有时也打。如果你感兴趣，可以参加我们所每双周五晚上的定期桥牌活动……”

在中国科学院的导师简介上，袁亚湘如此自述。

袁亚湘是中国科学院院士，更身兼发展中国家科学院院士、巴西科学院通讯院士、美国工业与应用数学会会士、美国数学学会首届会士。他现任中国科学院数学与系统科学研究院研究员、中国科学技术协会副主席。

作为1977年“文革”后首届高考生，1982年，袁亚湘自湘潭大学计算数学系本科毕业，同年进入中国科学院计算中心就读研究生，师从冯康教授；年底赴英国剑桥大学学习应用数学与理论物理专业，师从M.J.D.Powell教授。1986年，他获得该专业博士学位。1988年，袁亚湘回国进入中国科学院计算中心工作，1995年出任中国科学院计算数学所所长，并获得首届冯康科学计算奖。

近半世纪的科研生涯中，袁亚湘在信赖域法、拟牛顿法、非线性共轭梯度法等方法方面做出了重要贡献。2011年，袁亚湘当选中国科学院院士。

年过花甲，袁亚湘仍在科研岗位上奋斗。在他看来，“学习”

与“科研”是全然的兴趣所向。他喜欢解数学难题，“就像现在的孩子喜欢打游戏”。

讲述

从小培养的学习兴趣

新京报：您是什么时候开始上学的？

袁亚湘：我 5 岁上小学，在老家已算比较早启蒙的。但其实在上学前，我就会借左邻右舍大哥哥、大姐姐的教科书来认字。

新京报：提前认字是出于自身的兴趣，还是父母的要求？

袁亚湘：表面看，是我自发的兴趣。看见别人上学认字，我觉得好玩、羡慕、好奇，就也想认字。但实际上，我觉得是我母亲影响了我。她是个文盲，一天学都没有上过，连她自己的名字都是我长大后教她写的，但是她很懂教育，知道怎么培养孩子的学习兴趣。她的算盘打得好，因为总在村里卖菜嘛，我的珠算就是她教的。她还会给我讲一些趣味的算术题，让我觉得好玩，意犹未尽，自己想去学。

新京报：您觉得父母对您学业的支持是源于什么？

袁亚湘：我们家的教育氛围一直很好，两个叔叔是当老师的，有个舅舅是大学生。我爸爸没有上过正式的学校，但在私塾里旁听过几年，相当于小学三年级的水平。当时读小学基本是免费的，课本也是免费下发，所以家家户户基本没有负担。但再往上升学，情况就变了。很多农村的家长，尤其是生女儿的，觉得没有必要让孩子上初中，不如在家做点活儿，种菜、砍柴，还能为家里挣点工分。

但我的父母一直很支持我继续上学。他们总和我说，人要不断地学习，才能变得有知识，才会让别人敬佩。

新京报： 您从小最喜爱的科目是什么？您在自述里说，您其实也想要做一个诗人。

袁亚湘： 最喜欢的是数学，那时候没有排名的概念，但我的数学成绩总是名列前茅。

说实话，我在文学这方面没有什么天赋，算是有些诗歌文学上的爱好。小时候能看的书不多，最爱读《三国演义》里的诗，什么“滚滚长江东逝水”，也经常读村里的一些打油诗。但说实话，文学这方面，我没什么天赋。数学不一样，学数学对我来说就像现在的小孩子打游戏一样，我是很快乐的。

袁亚湘（后排右一）小时与父母、哥哥的全家福。

波折中学路

新京报： 您在自述中说，您中学阶段的求学经历有些波折。

袁亚湘： 我 12 岁读完初一，而后休学了一年。因为那时没有中考，上高中全靠推荐。而我上学太早，许多和我同级的同学都比我大两岁左右，有限的推荐名额基本轮不到我。我爸就让我休学一年再说。

我那会儿个子比较小，在生产队放牛，每天就两个工分。骑在牛背上的时候，很羡慕那些还能上学的孩子，我就会去找他们问问题，或者借他们的课本自学。1973 年，我继续上学，到 1974 年，15 岁的我高中毕业，又碰上运动，高考停了，我就只能回家当农民了。一直到 1978 年我去上大学，我在家务农整整 3 年。生产队觉得我数学好，要我做保管、出纳等工作。

新京报： 当时，除了回家务农，还有别的选择吗？

袁亚湘： 我其实没有想过有一天可以走出农村，我已经自认为要当一辈子的农民了。在那个年代，如果是城镇户口，高中毕业后可以去找工作。而我是农村户口，只能当农民，要不就是报名参军，再慢慢改变自己的身份。

当年与我同村的伙伴们，到了 18 岁左右就结婚生子，20 岁出头就生第二个孩子了。我经常开玩笑，高考要是晚恢复几年，我一定也很早就结婚生子了。实际上，后来我是从剑桥念完博士回国才结婚的。

新京报： 务农的那三年，您依然保持学习吗？

袁亚湘： 三年里，我妈妈一直鼓励我——她知道我在校成绩好，竞赛经常拿奖，就让我在干农活之外也自己找点书看。她总说，你多学点儿东西总没有坏处的。当然了，那时候不像现在，书店里什么书都卖，那时候顶多有几本高中课本，我翻来覆去地看，并且会找一些数学题来解。我有个叔叔是当初中数学老师的，他家里有一些数学科普书，我也会问他借来看，像三等分任意角、费尔马大定理等数学难题，都是在这些书里学到的。

我学习是没有功利心的，就是觉得好玩。

去高考，就像参加五子棋竞赛

新京报：什么时候知道恢复高考的？

袁亚湘：具体的日子我已经记不清了，大概是正式高考前一个月，我爸从县城带回消息，找到我们生产队队长，要求给我放一个月的假备考。我就脱产了一个月，到我读高中的学校去租了一间房子住下，每天和几个备考的同学一道复习。学校指派了老师做适当的指导，但主要就是靠自己做题。

新京报：有让您印象深刻的事情吗？

袁亚湘：那时候在农村，我每天就是干农活，不想别的。有机会去参加高考，就好像我们单位昨天搞了个五子棋竞赛一样，就是去考个试。能考上大概就可以去镇上工作，不用再做农民了。至于做一个科学家，这是压根想不到的。

高考的考场在我的初中学校。当天考了语文、数学两门科目，没有考英语，好像政治历史成一卷，物理化学成一卷。我们有位老师押中了语文作文的题目，大致就是让我们写走进考场的想法、考上大学的志向等。我提前准备了内容，写如果我考上了，我会为国家好好学习，如果考不上，我就回去好好当农民。考完试，我就回去干活了，后面都没有主动打听过结果。一直到今天，我都不知道我考了多少分。

考完试后，老师和我说，我可以报考湘潭大学，将来到长沙工作。对当时的我来讲，在省城工作就很不错了。但我们不知道其他村的、镇的、城市里的人分别是什么样的水平，因此不知道我顶格可以报考什么样的学校。再后来，县里贴了录取榜，我爸爸看见我被湘潭大学计算数学系录取的消息，转告了我。当时当然也是很高兴的，但是没搞什么庆祝，没有像现在这样摆酒席。

拼命地学习

新京报：还记得第一次去上大学时的情景吗？

袁亚湘：我拿了个扁担，一头挑着床花被子，另一头挑个黑漆木箱子，里面装着换洗衣服、牙刷牙膏等用品，还要带上一个脸盆。家里专门给我买了双解放牌的新鞋。我乘坐 20 多小时的车到湘潭市后，学校派车接我们到了校园，我一下车，就把新鞋踩得满是泥巴——那会儿，整个学校还是个大工地。

湘潭大学 20 世纪 50 年代建校，后来停办了，到 1974 年前后重新动工复校。我到的时候，唯一的教学楼还没盖完，起初我们在食堂上课。学生宿舍起了 6 栋，但教职工宿舍没建起来，老师都住在周围的农民房子里。我当时就想，这大学也和我们农村差不多呀。

新京报：那时的大学氛围是什么样的？

袁亚湘：我们那个年代的大学生，即使成绩有好有坏，但都是在拼命地学习，因为大家都认为读书的机会得来不易。而且，我们也实在想不到除了学习还能干什么事，湘潭大学位于荒山野岭，去往市里的公交车太少。我有助学金，除去吃饭的费用，还可以省下一点儿买数学参考书，但整体还是不宽裕的。有一年我从家里返校，带了 5 块钱，实际上光车票钱就得 2 块 9，哪儿还能有什么零花钱呢。我只能在学校里学习。

大学期间，我每天跑半小时步、打半小时排球，其余时间基本都在阶梯教室自习。我记得我当时比较喜欢的有李寿佛老师的《数学分析》课，那是从初等数学到高等数学的转折，对我的影响非常深远。

新京报：您本科阶段的成绩怎么样？

袁亚湘：应该算系里成绩最好的人之一。我记得，入学第二年，因为学习表现太好，我成了学习委员。和我成绩相近的有一个叫许进超的同学，不过我还是每次考试都比他高几分。后来我研究生考到中科院，他考到北大。我去英国剑桥大学读博，他去美国康奈尔大学读博。他现在也是国际上很顶尖的数学家了。

人生好比跳远

新京报：除了科研与教学之外，您还有什么爱好？

袁亚湘：运动是我长期坚持的爱好。读大学的时候，每天至少跑 5 公里。现在年纪大了，走路、登山比较多。之前我每个星期都带研究生爬山，或是去野外做长距离徒步。我们通常走一天路，找个农家乐吃饭，再打打牌——我喜欢打桥牌，最早是本科班上跟着同学们打，后来到了中科院读研，再到英国读博，都保持了打桥牌的习惯。在剑桥大学的时候，我还代表学院参加过桥牌比赛。

新京报：最近如何安排科研与教学任务？

袁亚湘：早几年，我还给本科生上课，课时和科研都排得非常紧。过了 60 岁后，我尽量把自己的节奏慢下来，组里也有更年轻的教授可以承担一部分教学任务。我就只和研究生们一起做研究工作，自己也会做做科普、参加一些社会活动。

新京报：从学术的角度来说，您设定过人生目标吗？您认为自己完成了人生目标吗？

袁亚湘：这很难说，我不是那种从小就有很远大奋斗目标的人。我妈妈以前和我说，我要读完“五个学堂”，初小、高小、初中、高中、大学。我似乎一直是讲究顺其自然的——我常和人开玩笑，如果我去搞体育运动的话，我一定是选跳远而不是跳高。我只要尽量跳得远，最终的成绩，在我跳完后测量得出；而不是像跳高那样，用杆子预设一个高度，我要是根本跳不过它，搞不好要感觉很郁闷，我即使跳过了它，实际成绩也只有它那么高。我的人生就像是跳远，不论什么阶段，我唯一要做的事是不断努力，最终到达了什么距离，那就是我人生最终的成绩。我不强求，只顺其自然。

新京报：对年轻的学子们，您有什么想说的？

袁亚湘：首先，我很羡慕年轻学子们，他们生活在一个很好的时代，有互联网，有各种书店，能够从各方面获取知识。其次，我希望他们一定要珍惜自己所处的美好时代，不要荒废，要不断地进步。我希望他们明白，输赢不在起跑线上，更不在比赛中程，只要保持速度、不断进步，任何人都会有所成就的。

记者手记

“学习要讲求兴趣，切莫搞得苦哈哈”

2022 年 2 月 17 日下午，我到中国科学院数学与科学工程计算研究所拜访袁亚湘。

一碰面，我有些吃惊，袁亚湘年过六十，但看上去非常年轻，穿着西装、马甲，身板挺直，健步如飞，整个人不过两鬓初现斑白而已。

对谈时，他带着显而易见的湖南口音，总是十分高兴的样子，两三句话就哈哈大笑，笑自己念书半途回家放牛，笑自己想做诗人不过天赋不够，笑自己上大学像逃荒，背着一口“棺材一样”的木箱子。这是印证了我的想象的。来访前，我查阅了有关袁亚湘的所有资料，他被称为“乐天派数学家”。

他为自己设计了中科院导师简介的页面，写着自己的生卒年份为“1960—20VX”，又备注“在 V 极大的条件下求 X 的极大值”。他昭然在简介中呼吁学生们与他一道打桥牌，并邀之参与研究所“每双周五晚上的定期桥牌活动”。他爱运动，常徒步、登山，从前受访时，他会向记者展示自己的北京市风景年票，解释自己平均每周都要爬一次山，几乎把北京周边的山给爬遍了——想必也是他精神抖擞的秘诀之一。他研究“非线性最优化”，但自称“成绩一般，工作还算努力”。他认为自己目前的生活是惬意的，“带带学生，想想数学，写写文章（数学的，非数学的），游游世界，不亦乐乎”！

袁亚湘对数学着了一辈子的迷。休学与务农的那几年，他虽不甚了解世事，但也本能地感受到了不能上学的苦闷。他多次强调，学习要讲求兴趣，切莫搞得苦哈哈的，有了兴趣就一切都好办了。所以，他总在试着趣化数学概念。我的能力不足以理解更多，但见识过他在央视的演讲——讲到“π”，他说：“1314”在“π”的第3902位，“5201314”则在200多万位，“如此看来，一生一世容易，要爱一个人一生一世就比较难了”。观众都笑。

我们聊了一个半小时，袁亚湘急匆匆地去开视频会议了。他的一位学生曾对媒体说过，每天早上7点到晚上11点，都能在办公室找到他。

临走前，我在袁亚湘的办公室看到了一幅他的肖像画。外行看来，这画由许多密密麻麻的曲线组成。实际上那是国际数学联盟前秘书长马丁·格瑞切尔赠予袁亚湘的，全画包含13713个点，由“一笔画”连出一条最短路线——暗示他关于“非线性最优化”的研究。

袁亚湘多次与人说，这是他相当喜欢的一幅画作。画中他眼角下垂，怡然微笑，也是他的招牌表情。

新京报记者：冯雨昕　实习生：雷欣谣　编辑：胡杰　校对：薛京宁

高福：

高考不是唯一起跑线，是不断提升的新起点

国之大者

胸怀祖国

放眼世界

多睡、多学、多想

高福

1979年8月，天气格外炎热，山西省招办整整一层房间都被文件和材料堆满了，电话铃声此起彼伏。“同志，我家孩子的分数线超过了本科，但教育局的同志说，档案丢了一部分，只能读专科……”说话的是高福的父亲高存喜，做了一辈子木匠的他，并不擅长这种场合。在那个电脑和打印机尚未普及的年代，档案全部靠手写和油印。

时间倒回几小时前，一位身穿半旧长裤和白短袖衬衫的年轻人出现在山西应县的高家门口。“高福同学，你的高考成绩上了我们省本科线，但档案丢了一部分，投档没有完成，你或许可以再争取一下。”这位骑自行车赶来的年轻人，是教育局的“公家人”，他气喘吁吁地说着。

高福和父亲当天搭汽车、转火车，辗转到了太原和榆次，最终在下班前赶到了省招办，并向工作人员说明了情况。

高福的高考回忆充满着时代的气息：“我们考大学的时候，恰逢改革开放，国家提出了‘向科学进军’的口号，这种全社会对科学的崇尚，影响了整整一代人。”

1978年12月，中国共产党十一届三中全会召开，国家开始进入改革开放的新时期，国务院决定在全国恢复和增设169所普通高等院校，山西农业大学是这一批新成立的重点高等院校之一。据新华社消息，1979年，全国高校录取新生达28.4万，重点院校和高等院校人数为6万。幸运的是，高福正是6万人中的一分子。

最终在省招办的协调下，高福于1979年9月被山西农业大学兽医专业录取。虽不是自己心仪的学校，也不是感兴趣的专业，但他迅速调整心态。大学四年，他打下了坚实的生化基础，尤其是大一下半年开设的微生物学课程，使他进一步明确了奋斗目标——从事微生物研究，并一直坚持至今。

为了实现理想，在完成本专业任务的基础上，高福还挤出大量时间学习英语、传染病学和微生物学。1980 年，助学金再加上 10 元钱就够一学期伙食费的年代，高福借 180 元买了录音机，只为学好英语。最终，1983 年他如愿考入中国农业大学（原北京农业大学）攻读硕士学位，并将专业方向调整为微生物学与动物传染病学。

1991 年，高福获得国家公派留学的机会，赴英国牛津大学攻读博士学位，主攻生物化学专业。1994 年博士研究生毕业后，他先后在卡尔加里大学、牛津大学、哈佛大学从事博士后研究工作，2001 年在牛津大学任教。1997 年，国际学术期刊《自然》以封面文章形式正式发表了高福的研究成果——免疫学中两个最基础分子间相互作用的模式，目前，该项成果已被多数研究生的免疫学教科书收录。

2004 年，高福学成归来，被问及为何放弃安逸的生活举家回国，他说理由很简单："父母需要我，国家也需要我。"回国后，无论是禽流感病毒的溯源和传播机制，还是埃博拉病毒的演化和遗传多样性，还是新冠病毒的防控和疫苗研究，高福都做出了突出成绩，实现了中国在新发、突发传染病研究上的自主可控。

2014 年 3 月，一场以几内亚、利比里亚和塞拉利昂为中心的扎伊尔型埃博拉疫情迅速在西非大陆蔓延，并在 8 月成为国际关注的突发公共卫生事件。我国政府决定派出公共卫生专家组赴非洲疫情发生地区开展技术支持并提供紧急物资援助。时任中国疾控中心副主任的高福负责组建移动实验室检测队，赶赴非洲塞拉利昂开展埃博拉出血热检测工作。此外，高福将带着我国自主研发的检测试剂和具有自主知识产权的移动生物安全防护三级实验室车（移动BSL-3 实验室）首次走出国门。

“我同意你们做出（实验）的结果。我们的结论就是四阳一阴！我对这个结果负责！”高福把自己关进办公室，认真核对实验数据，坚定不移地支持中方的检测结果，而上述五份样本此前均被样本提供方标记为阳性。

移动 BSL-3 实验室在塞拉利昂正式使用前，要经受世界卫生组织网络实验室的考核，若结果出现任何问题，这座千辛万苦运来的“独立方舱”将不被国际社会认可，中国的国际援助能力也将被质疑。

最终，样本提供方——南非驻塞拉利昂的拉卡实验室谨慎回应称：“查询原始记录后，确认与中方检测结果一致。”中国移动BSL-3 实验室顺利通过大考。中方研制的试剂在世界卫生组织网络实验室测试有效，灵敏度高，特异性好。

直至高福带领首批检测队回国，移动实验室检测队累计收治留观病例 274 例、检测血液样本达 1635 份，占塞拉利昂全国检测量的四分之一。

前线的工作告一段落，高福回到实验室继续带领团队研究埃博拉的感染原理。2016 年 1 月，国际权威学术期刊《细胞》杂志在线发表了高福研究团队的文章《埃博拉病毒糖蛋白结合内吞体受体NPC1 的分子机制》，该研究率先破解了埃博拉病毒入侵人体的机制。最终该成果为学界认识、防控埃博拉病毒提供了新的方向。

高福提倡科研贵在“顶天立地”，科研人员要做与国家需求匹配和世界前沿的“顶天”的研究，也要解决国民经济主战场需要的“立地”的问题。他回国后即担任中国科学院微生物研究所所长，搭建了自己的实验室和团队，该团队累计发表 SCI 论文 500 多篇，近 10 年来在《Cell》《Nature》《Science》《Lancet》和《NEJM》等国际学术期刊上均有重要论文发表，实现了学术大满贯。

讲述

从兽医学学生“逆袭”成多国院士：人是时代产物，要学会动态调整

新京报：您是 1979 年参加高考的，当时有不少受时代影响的大龄考生，今年参加高考的考生也或多或少受到新冠疫情影响，您当时是如何应对的？对青年学子有什么建议？

高福：我是 1979 年考的大学，是恢复高考后第三年参加高考的“新三届”，之前受“文化大革命”的影响，我国停止了高考。赶上动荡年代，我能考上（大学）已经相当幸运了。由于家庭影响，我报考的专业都是建筑、机械制造等，最终却被录取到山西农业大学的兽医专业，并不是最初想学的。再加上山西农业大学是当时刚由大寨农学院和山西农学院合并而来的，很多同学（因为这些原因）不好好学习，我却调整好心态，一直努力。

有一位叫郭正堂的院士，我们同年在山西应县参加高考，他“一步登天”考上了北京大学，我只考上了山西农业大学，但 2013 年我们一起当选了中国科学院院士。高中时的校长说，郭院士和我代表了两类人，一类相当于“赢在”起跑线上，另一类最初看似中规中矩，但通过一生的勤勉，也在专业上获得了认可。

今年的学子们赶上了新冠疫情，大家会受到它的影响。但我们是时代的产物，要跟上时代步伐，也要学会面对现实。当前，你的奋斗目标是高考，就先把高考的任务完成，选择合适的大学，让自己有提升的机会。高考只是人生选择的一小部分，“三百六十行，行行出状元”。无论现在的学校、专业是什么，都要认真、理性地对待。

新京报： 您是如何与不那么心仪的专业、学校和解？又是如何完成从兽医专业，向现在从事的微生物和传染病方向转换的？

高福： 我父亲是做木匠的，加上应县以木塔闻名，作为一个中学生，在没有其他专业影响的情况下，我见到的都是建筑、机械、制造相关的（内容），所以更准确地说，当时我是不了解被录取的（兽医）专业的。但改革开放初期，能考上大学很幸运了，山西农业大学又是当时山西省唯一一所全国重点大学，我就去读了，并且提前调整了心态。

我的建议是，第一，不管你高考落到什么样的学校，赶快做心理调整，调整好后，就能主动适应环境了。第二，你要找到自己最喜欢的东西，总会有一个接口，让专业和爱好产生连接，就可以沿着这个方向往前走。比如，我学的专业，包括动物疾病的部分，动物疾病里又包括传染病，传染病很多是由病毒、细菌引起的，我当时对这个细分领域产生了浓厚的兴趣，而且大学期间有很多业余时间，我在完成老师布置的课业且取得较好成绩的前提下，留出时间研究自己喜欢的内容，从大学一年级后期、大学二年级就开始读微生物、病原、病毒相关的书籍。最后通过读研、读博，成功转向了现在的研究方向。那么，就有了第三点建议，大家要认真学习、多读书，不断扩充自己，提升自己的能力、信心，这样即使有 1200 万应届毕业生一起找工作，你也能脱颖而出。

新京报： 听过一个您早年英语基础不好，“众筹”买录音机的趣事，能否讲讲您是如何练就一口流利外语的？

高福： 我当年认为，不管是听老师讲课，还是自学，大部分课程我都可以学好，唯一学不好的一门课就是英语。我的英语老师非常谦虚，初次见面就介绍说，“我原来是学俄语的，分配后才转教英语。”他的英语发音会带有俄语的颤音，一般人模仿不来。因此，我决心买一台录音机，自己练习发音。

20 世纪 70 年代末 80 年代初，大家都管录音机叫“半头砖”，因为体积非常大，也比较贵。而我的家庭条件不足以让我买录音机，也就没和家里说，同学、亲戚、老乡，每个人借给我一点钱，最终买下了一台。我一直很感激，一路走来，帮助过我的人。很多人买录音机是用来听音乐、唱歌、跳舞，但我只用来学英语。我知道英语是我未来学习、工作上的障碍，所以花了很多时间，因为我 18 岁才开始认真学，最初连背 26 个字母都会漏掉一两个。但现在在同辈人里，我的英语算不错的，他们都说我“英语发音比普通话标准”。

一代人有一代人的责任，一代人有一代人的困难，每个个体在成长中遇到的问题可能也不同，但每个人都要想清楚面临的问题是什么，再想一想解决问题的路径，但只要你绝对地想干成一件事，就一定能实现。

新京报： 相当于这台录音机帮您打开了英语世界的窗户，而英语帮您打开了世界的窗户，后来才会有一系列出国深造的机会？

高福： 我是通过中国农业大学（原北京农业大学）的公派留学

机会，出国读的博士，很感谢当时的领导、老师把机会给我，但为什么他们会把这个机会给我？

那个年代去英语国家留学，需要参加英语水平考试（EPT），我连续考了三次，最后一次远超了国家公派留学的标准。后面还考了托福和雅思，我的成绩也不错，雅思 8 分，英国所有大学都能申请。所以我常开玩笑说：“掏左兜，我有国家公派留学的英语成绩；掏右兜，我有托福、雅思成绩，不管去英国还是美国，都不会因为英语‘卡壳’。”

近代微生物学奠基人巴斯德说，“机会只偏爱有准备的头脑”。我刚才也提了，个体努力的重要性。年轻人唯一能掌控的就是自己，机会来了，你能做成，再给你增加事，你不怕辛苦，又做成了，这样不断地超越预期、超越自我，会收获意想不到的惊喜。

高福院士（右二）的大学时代。

高福院士的大学时代。

埃博拉和新冠疫情的“逆行者”：别人认为我在吃苦，其实我很享受

新京报：您曾经在牛津、哈佛求学，后又在牛津大学担任讲师、博导，为何会毅然选择回国发展？

高福：当时是全球化最旺盛的时代，中美关系、中欧关系、美欧关系、美俄关系等各种关系都在紧密相融。所以，我认为不管在哪里做科研，都是为全人类服务，因为科学是无国界的，研究地点就不重要了。

当然，那个时候，中国也最需要对新发、突发传染病的研究，这正是我的专业。而且 SARS、禽流感等在国内发生，对我而言，是非常好的研究基地，同时，也综合考虑了家庭、父母的原因，于是在 SARS 发生的第二年（2004），决定回国。

回国后，党和国家对我委以重任，我也做了好多事情，有科学的事情，技术的事情，也有更全面的管理的事务，对我而言，回国工作比留在国外更好。

新京报：都说医生是“最美逆行者”，您研究新发、突发传染病，更是在埃博拉病毒以及新冠疫情时，都冲锋在前，曾经遇到过最危险、最艰难的情况是什么？如何克服的？

高福：大家都问你怎么去西非抗击埃博拉？作为中国疾控中心副主任，我是搞传染病的，是搞实验室的，当时需要一个懂实验室的领导去，那这就是我的工作。而且我研究的就是新发、突发传染病，出现什么样的病毒，我去研究也很正常，有时候我们在实验室研究，有时候我们到现场研究。

从这个角度来讲，这就是我选择的职业。真正辛苦的是基层一线的同志，包括大家说的“大白”，他们穿着防护服要待很长时间。但既然大家选择了这份职业，就要热爱这份职业，我们都是在完成本职工作。

但我更希望大家喜欢自己的本职工作，一旦你喜欢上这份工作，那么别人认为是在吃苦的时候，其实你是享受的。我是研究病毒的，到一线看看病毒是怎么回事；我是研究流行病防控的，到前线看看能不能防、怎么防，这也是一种享受。

新京报：对于工作，您必须上一线，但对于个人，新发、突发传染病更多是未知的风险，您或者您的家人，是否恐惧过？

高福：从事我们这个专业的人，（恐惧）已经没有了。首先，因为我们知道怎么防护。我也借这个机会，呼吁大家快把疫苗打起来，全球的真实数据告诉我们，疫苗在防重症、防死亡上效果非常好，当然可能在防感染、防传播、防发病上，现在打了一些折扣。

其次，当你享受一份工作的时候，就不认为它很危险。我研究的是新发、突发传染病，我特别喜欢这个专业，所以病毒来了，我反而很有兴趣，想知道这个病毒到底是怎么回事，这个时候，不去想所谓“危险”。再退一万步讲，人有生就有死，你去享受每一天、每个过程，不把结果看得很重要时，就什么都不害怕了。

新京报： *以您名字发表的 SCI 有 500 余篇，在这相对浮躁的当代是非常难得的，是如何静下心来专心科研的？*

高福： 不能用 SCI 的论文数量，或院士头衔来定义做科研这件事，“脑袋里有没有知识”才是最重要的。我也有过困惑的时候，早期也有学知识记不住的时候，但经过调整，逐渐走到了这一步。

有人说，我们科研工作者发表的很多文章，被后来者证明是错误的，或者是发表论文、观点时被假象蒙蔽了。事实上，“科学求异”，大部分的实验或者成果是存在偏差、错误的，这就要求科研工作者具有科研领悟力——去伪存真的能力，还有勇于舍弃的能力。

如果科研工作者，经过反复实验后推翻假象，那就是做出了贡献；而如果无意中发表了错误的研究成果，也是可以被原谅的，这是科学发现的必经之路；但如果不舍得放弃错误的成果，故意发布，也是学术造假的一种。所以，科研工作者不光要解决“卡脖子”的问题，也要解决“卡脑子”的问题，及时去除头脑里的迷雾。

其实，大家的集体行为塑造了社会环境，我们每个人都要严格要求自己，学会自律，同时也要学会去伪存真，去除头脑里的迷雾。

记者手记

一位“雕塑”新冠病毒模型的院士

在中科院奥运园区的花园正中，有一个体积巨大的流感病毒的雕塑——“致微”。雕塑的整体呈现暗绿色，巨大的圆形外壳上有像海参刺般的突出，它掩藏在绿树中，像一块沉积在暗处的巨大苔藓。不少路人觉得这个雕塑并不能带来审美体验，但高福院士将其从显微镜下描摹下来，放大几百万倍，矗立在微生物所门口，就是在提醒进进出出的人们，关于病毒的研究：重要、紧要、必要。

事实上，微生物所里还有各种各样的模型，比如，采访时桌上就摆着一个新冠病毒的模型——深灰色的球状内核，外表被红色的刺突包围，横切面像极了一个“王冠”。我们调侃高福院士说，他一直没有放弃做建筑师的志愿，而是把这个特长用在“雕塑”病毒上了，他爽朗地哈哈大笑。他的办公室也处处透着设计感，发表过的学术期刊封面，被巧妙地做成了背景墙。

在我们到来之前，高福院士就已准备好了对青年学子的寄语——“国之大者，胸怀祖国，放眼世界”，隽秀的字体透着沉甸甸的希望。这也是他多年留学海外，却在非典疫情暴发后，毅然回国的真实写照。他还在寄语后又加上了“多睡，多学，多想”几个字，并解释说，现在年轻人睡太少了，免疫力不足。

采访开始前，高福院士得知我们的摄影师同样来自山西省，他贴心地用家乡话和对方寒暄，并笑称自己的口音一辈子都改不掉了。他会自己戴好麦克风，细心地把连接线藏进衬衫里，并主动坐到拍摄位置前测光。他甚至请同事看着门口，避免随时随地来找他的学生，打断了拍摄。

40 多年前，大学同学们对高福院士的印象是爱干净，贴身的白衬衫永远整洁，因此大家推选他当卫生委员。

如今，我们见到的高院士，依旧穿着熨烫平整的衬衫，修身的深色休闲裤，保持着良好的身材和面容，多年学术浸润造就出他儒雅谦和的气质，如果不是看过简历，没有人会想到他已经60岁了。学生们说，他依旧保持着旺盛的研究精力，虽然担任多个社会职务，但只要有时间，他每天都会去实验室，并且对大家的研究进展做出关键指点。

在这里，还要郑重感谢中国疾控中心的各级领导，中科院微生物所的高福院士团队，以及《病毒斗士》一书的作者张子影老师，从采访内容的准备，到拍摄过程中的协调，再到后期的校验，上述团队都给予了本文严谨而细致的建议。

新京报记者：白金蕾　编辑：陈莉　校对：薛京宁

孙宝国：

每一个人都有自己的责任和使命

百折不挠勇往直前，
就一定能心想事成。

孙宝国

孙宝国是香料和食品风味化学专家，是我国食品科学领域唯一一位专注香料研究的院士。

1961 年，孙宝国出生在山东招远县金岭镇山上孙家村。1977 年，高中毕业后他到村联办中学当上了一名初中老师，原本对数学感兴趣的他教起了物理和化学。就是这一年的年底，国家宣布恢复高考，他也萌生了考大学的想法，这一考就是 4 次。

1980 年，他考入北京轻工业学院化学系，毕业后留校做了辅导员，并攻读完硕士研究生课程；2003 年他获清华大学化学工程博士学位。2009 年中国工程院院士名单公布，他成为北京市属高校自己培养的第一位院士。

孙宝国主要专注于香料、香精研究，在肉味香料和肉味香精方面，攻克了许多技术难题。凭借在食品香料香精领域的卓越贡献，他被同行们尊称为“香料院士”。

20 世纪 80 年代，中国含硫香料生产技术很落后，许多关键香料自己生产不了，受制于人，其中 2- 甲基 -3- 呋喃硫醇（国外代号“030”）和甲基 2- 甲基 -3- 呋喃基二硫醚（国外代号“719”）进口“身价”堪比黄金，每公斤分别高达 14 万元和 16 万元。1986 年，还在读研究生的孙宝国参加了国家“七五”重点攻关项目，花了 4 年时间攻克“030”香料合成技术，售价 14 万元的进口香料其成本还不足 1000 元。其后，他在“030”的基础上，又通过 4 年的攻关，在 1994 年攻克了“719”合成技术。

孙宝国的另一项研究成果是天然级肉味香精制造技术。国外肉味香精一般是通过香料调香或以水解植物蛋白、酵母提取物为主要原料经过热反应制造的，尽管产品香味浓郁，但缺乏醇正的肉香味。孙宝国和科研人员根据肉香味的形成机理，提出了“味料同源”的中国特色肉味香精制造新理念。遵循该理念，他研究开发了以畜禽肉、骨为主要原料的天然级肉味香精制造技术，核心技术获得 4 项授权发明专利。

作为第一完成人，孙宝国于 1999 年、2000 年和 2016 年，三次获得国家科学技术进步奖二等奖、2005 年获得国家技术发明奖二等奖，2019 年获得何梁何利基金科学与技术创新奖。

对于获得的这些成就，孙宝国说，一方面是他对科学技术的追求；另一方面，是他的责任和使命担当。

“上大学时，舞蹈家陈爱莲到学校做报告，讲了一句话让我印象非常深刻。”孙宝国说，“她说，她每天都要练功，‘一天不练，自己知道；两天不练，同行知道；三天不练，观众知道。’其实讲的就是‘台上一分钟，台下三年功’，这句话用在所有行业都适用，那就是不管干什么都要勤学苦练，要‘干一行爱一行’”。

寄语青年学子，孙宝国说：“每一个行业、每一个领域的人都有自己的责任跟使命，你遇到了，那就是你的责任，也是你的目标和追求。”他希望即将步入大学的学子们，要分清自己人生不同阶段的目标和理想，做好规划，分步实施，“百折不挠勇往直前，就一定能心想事成”。

讲述

谈高考：离开农村还到了北京，实现了人生的一个目标

新京报：您是何时参加高考的？当时过程顺利吗？

孙宝国：我参加高考的经历可谓是一波三折，我一共考了 4 次。1977 年我 16 岁高中毕业，回到村里的村联办中学当了一名初中老师。上学时我对数学更感兴趣，但当时正好缺一个物理老师；担任化学老师的四川万县知青想离开，于是我就教物理和化学两门课。那时候当老师也没经过培训，拿起课本就上讲台，都是现学现卖。

1977 年年底，国家恢复高考，我当时就想报名参加。校长是支持我们高考的，但他提前也敲打我：考大学可以，不能耽误了学生们的课。所以我虽然报名参加高考，还是全心全意扑在教学上，白天上课，晚上备课批改作业，夜里还要刻蜡纸油印资料、试卷。由于没有准备，第一年参加高考名落孙山。

第二次我就转去考中专了，当时想着能跳出农村就好。中专是考上了，结果到县城体检，太紧张了，血压偏高没通过；第三次又考中专，同样也是考过了，体检时又卡在了血压上。其实我血压并没有问题，就是条件反射，一去体检就害怕。

那时候我就考虑，如果继续当民办教师，将来转正没问题，可自己这么年轻就和学校的老民办教师争名额，他们不少是我的初中和小学老师，良心上过不去，还是得继续考大学。1979 年 10 月，我抓住了一个机会，脱产进了县教师进修学校办的培训班。准备参加第 4 次考试的时候，我还在纠结到底考中专还是考大学呢，我的物理老师建议我考大学，他是“文革”前复旦大学毕业的，他的理

由很简单，“大学和中专相比，一毕业就差两级工资。这一辈子你都撵不上”。

这么一听，我决定还是考大学。由于这次高考我提前准备了近10个月，在进修学校学得比较全面；那几年物理和化学老师也没白当，1980年高考时，满分都是100分的化学和物理，我分别考了98分和94分，总分413.5分，远高于山东360分的重点线，被北京轻工业学院录取。

我离开农村来到北京，也算是实现了人生的一个目标。

新京报：还记得高考之前的备考是一个什么过程吗？

孙宝国：我印象挺深的。1978年报告文学《哥德巴赫猜想》在各种报刊上转发，陈景润的故事风靡全国，我们看了也很受鼓舞，大家都在学习陈景润。

当时在农村中学，教师办公室有正房有厢房。除了备课时间，我们几个年轻老师都会跑到旁边的厢房去学习。夏天的厢房酷暑难耐，我光着膀子，穿着背心，肩上搭着一条毛巾学习，坐一会儿浑身是汗。学校的老教师都称厢房为“陈景润小屋”。

教师进修学校培训的条件也比较艰苦，借用县城附近一所联中的教室，我们住村子里的房子，打地铺，外边用土坯挡一挡，里边铺上点儿沙子，沙子上面放麦秸秆，再铺个草褥子就成了。只要是晴天就赶紧晒被子、褥子，要不潮得没法睡。

但大家的积极性还是很高的。学校准军事化管理，早上6点起来跑步，然后从早自习一直学习到晚自习，9点下晚自习，宿舍10点熄灯。教师进修学校老师们水平很高，正好赶上集中学习的机会，大家都如饥似渴地学，当然进步也很快。1980年7月9日高考结束后，自己就胸有成竹了，这次肯定是没问题了。

谈大学生活：丢了棉大衣学校还给补助，非常感动

新京报：还记得第一次到北京的情景吗？

孙宝国：我当了三年初中老师，唯一一次离开招远县，就是到了莱州的平里店中学参观教具展，离我们中学有二三十公里远，骑自行车当天来回。

来北京上学家里也没人送。我是从潍坊走的，到了潍坊，是第一次看见了红绿灯，也是第一次坐上了火车。从车站到学校的路线，录取通知书上写得很明白：北京站下车，坐 103 路电车到展览路，再换 101 路或 335 路公共汽车到马神庙站。到北京站那天是早晨 6 点左右，比通知的报到时间早了一天，人还有点儿迷迷糊糊。我坐 103 路到了展览路，上了 335 路就坐过了站；再下车到对面往回坐，结果又坐到终点；又下来再往回坐，这次总算是找到了学校。所以第一次到北京的印象特别深刻。

当时学校恢复重建刚一年，正值暑假，操场上全是草。不少城市来的学生都觉得学校条件太差了，但对于从农村来的我，觉得这已经很好了。宿舍虽然是上下铺，但不用打地铺睡地上了。

新京报：大学生活中有没有让您印象深刻的事儿？

孙宝国：大学第一学期，冬天，校学生会换届照合影，考虑到穿棉大衣照相不好看，我将大衣脱下放在旁边。结果等合影完了一看，大衣没了。当时我就傻了，没有棉大衣怎么过冬？第二天辅导员跟我说："赶快写个申请，给你补助 20 元钱，去买件大衣。"我没想到还有这种好事儿，就写了申请领到了 20 元钱，我记得买大衣花了 18 元，还剩下两元钱。

这件事儿让我非常感动，感受到来自学校的温暖，这也是我后来选择留校的原因。而且自从工作以后，无论是资助其他师生，还是为学校基金会捐钱，我从未犹豫过。作为工薪阶层捐赠学校基金会和师生，从金额上我应该是最多的几个之一。我认为人应该有感恩之心。

寄语高考学子：艰苦的环境更能成就一番事业

新京报： 您认为大学生活给您的人生带来了哪些改变？

孙宝国： 还是那句老话：知识改变命运。大学让我学到了科学文化基础知识，为后来的科研和管理工作奠定了坚实的基础；同时也增长了见识。在大学期间，学校会请专家来做报告；举办音乐会，虽然交响乐当时听不懂，但也学着去欣赏。

在大学期间，我还学到了很多除科学文化知识之外的技能，锻炼了我的意志。我学会了滑冰、游泳。我还记得冬天里，我穿着秋衣到玉渊潭公园跑步感觉很了不起了，却发现有人在冬泳，立马感到相形见绌。于是我也想试试。我从 1985 年夏天开始游起，每周至少 6 次，到 10 月中下旬天气转冷开始每天经受身体和意志的考验，还记得刚开始跟我一起冬泳的有好几个年轻的同事，天气变冷后开始撤退，到 10 月下旬就只剩下我一个人了。但我坚持了下来，连续游了 3 年。特别是下雪结冰了还下水冬泳，每次都需要极大的勇气。这种意志的考验，战胜自我的快乐，使得我以后在科研上能够迎难而上、愈挫愈勇。也是在冬泳的过程中，我考上了研究生，从此走上了一条搞研究的路子。

1994 年，孙宝国为了攻克甲基 2- 甲基 -3- 呋喃基二硫醚（国外代号“719”）的关键技术，夜以继日泡在实验室。

新京报：作为一位高校的行政负责人，您对于青年学生有何期待？

孙宝国：我们那一代人，是“干一行爱一行”，现在的年轻人，都想干自己喜欢的，这是我国经济社会发展到这个阶段给大家创造了条件，也是这一代人的幸福。但我们每个人也应该意识到，个人的发展总是要受到方方面面条件的制约，包括自身、家庭、社会发展阶段等。有想法、有目标、有选择当然是好事儿，如果客观条件达不到时，我们也要有能够适应环境的能力。这就是所谓适者生存。

我们都知道黄山有棵迎客松，世界闻名。但是迎客松生长的环境多恶劣，是从山顶的石头缝里长出来的。我想，如果可以选择的话，它肯定不愿生存在石头缝里，但如果它生长在肥沃的土地上，即便是长成一棵参天大树，也不会有迎客松那么举世闻名。

所以换一句话说，艰苦的环境更能够锻炼人，也更能够使人成就一番事业。虽然我们上学时常说，学好数理化，走遍天下都不怕，但除了数理化，还有其他很多学科都很重要。无论学什么，都要努力地去学深、学透、学精，才能为自己将来有所作为打下一个坚实的基础。

“香料院士”的使命担当

作为北京工商大学的校长，孙宝国每天的日程安排得非常满。但当他接到我的采访电话，听说是为高考学子推出的高考特别策划——寄语高考学子，便欣然同意了采访。

在采访前，我们在电话中沟通了采访形式，提到采访结束后需要手写一份寄语。结果采访当天一见面，他就拿出了用塑料夹页装好的寄语，郑重地递给我。

“百折不挠勇往直前，就一定能心想事成。”他写给高考学子的祝福，也是自己对待科学研究的真实写照。

孙宝国坦言，年少时他并没有当科学家的远大理想。当时他考大学的初衷，只是想离开农村。而考上大学离开农村并来到北京，算是实现了他人生的一个目标。因此他希望年轻人，要分清自己人生不同阶段的目标和理想，做好规划，分步实施，与时俱进。同时，要有适应环境的能力，无论干什么，要么不干，要么培养自己的兴趣让自己想干。

不想当老师，后来当了老师；不想搞化工，还是搞了化工。孙宝国说，这是因为他从中找到了乐趣——一方面是他对科学技术的追求；另一方面，他找到了自己的责任和使命担当。

1986 年，刚考上研究生的孙宝国一头扎进国家“七五”攻关项目，想要攻克代号“030”香料的关键技术，是因为不想被国外“卡脖子”。“那时候我老说一句话：落后不光挨打，还要挨宰，而且是宰你没商量。”孙宝国说，“国外进口的香料从我国获得的高额利润，无法想象。”

“030”是当时最具代表性的香料之一，即 2- 甲基 -3- 呋喃硫醇。

1990年“030”的进口价格1公斤14万元，1克就要140元，而当年孙宝国一个月工资是105元，买不了1克“030”。为了攻克“030”关键技术，他把自己关在实验室里，晚上实验楼关门了，他的实验还在继续。“实验不能停，停了就前功尽弃了。”半夜做完实验，孙宝国就从厕所窗户爬出来。爬来爬去，原本布满灰尘的窗台都被孙宝国的衣服磨得发亮了。长期在封闭空间做实验，他的身上总是带着一股怪味，还曾经因此被赶下公共汽车。

他用了4年时间，在1990年攻克了“030”的关键技术，实现了国产化生产。我国进口要花14万元/公斤的香料，其成本还不足1000元。技术的不断创新也让我国含硫香料在国际上的竞争优势保持至今。

然而孙宝国并未止步于此，他提出了“味料同源”的中国特色肉味香精制造新理念。国外制作的肉味香精是用美拉德反应制作的非肉源香料，他遵循“味料同源”的理念，带领团队将中国传统的高汤文化和现代生物工程技术相结合，采用“肉源”原料和生物酶解、水中炖煮的生产工艺，制造出了天然肉味香精。使消费者在不同的地方都能享受到风味统一但营养更丰富的中式菜肴，把中国味道传遍世界。

如今，身为校长的孙宝国每天有大量行政事务需要处理，但仍不放松对自己学术上的要求，他总是保持着对科学的敬畏之心，了解食品行业最新的研发情况，挤出时间坚持做研究。

他认为，中国食品领域还存在不少“卡脖子”的问题，比如，如何打破国外先进技术与核心产品的垄断需要研究；符合中国人群的膳食营养健康大数据要搞清楚；在食品安全方面，要加强主动保障和风险防控能力，还要满足消费者日益增长的风味和健康需求……“因此，科技攻关永无止境。”

新京报记者：陈琳　编辑：刘茜贤　校对：刘军

贺克斌：

当年交卷也有遗憾，发挥稳定就是圆满

每次考试都会多多少少留有遗憾……但事情永远不会是完美的。只要发挥相对稳定，就是圆满完成任务。

贺克斌

贺克斌，环境工程专家，中国工程院院士，清华大学环境学院教授。长期致力于大气复合污染特别是 PM2.5 的研究，以高分辨率排放清单技术—复合污染多维溯源技术—多污染物协同控制技术为核心，推动区域空气质量动态调控新技术系统的发展与应用。

他主持建立了中国多尺度排放清单在线技术平台，为我国空气质量管理在精细溯源和定量评估方面技术水平的提升做出了重要贡献。现任国家生态环境保护专家委员会副主任，教育部科技委环境学部主任，全球排放研究计划（GEIA）中国工作委员会主席，全球能源评估研究计划（GEA）环境组组长等。获国家自然科学奖二等奖 1 项、国家科技进步奖二等奖 3 项。出版《大气颗粒物与区域复合污染》《道路机动车排放模型技术方法与应用》等专著。

在央视主持人撒贝宁的口中，贺克斌是“上管天，下管地，中间管空气”的环境工程专家。

1962 年 8 月 28 日，贺克斌出生在有“天府之国”美誉的成都平原，中学时代是在金堂中学度过，后来，他成为这所接近百年历史的中学最有名的校友之一，2 年前，他还受聘为金堂中学“名誉校长”。

贺克斌成绩一直很好，1980 年，他顺利考取清华大学土木与环境工程系，一读就是 10 年，取得了博士学位，之后选择留校任教。2013 年 7 月，贺克斌成为清华大学环境学院院长。

1993 年开始，贺克斌多次出国交流，分别赴丹麦技术大学环境工程系、美国哈佛大学环境研究中心、英国利兹大学燃料与能源系，担任访问学者。在那个年代，这些宝贵的海外学习交流经验，开阔了贺克斌的眼界，丰富了他的知识体系。

20 世纪八九十年代的风沙、20 世纪之后的雾霾，让身在北京的每个人都意识到保护环境的重要性。作为环境专家的贺克斌，无论在科学研究，还是现实生活中，都在努力推动环境的改善。

长期从事大气污染控制理论与技术方面研究的他参与制定了 PM2.5 新标准，他在 2012 年就一针见血地指出，“对于中国所有的城市，解决大气污染刻不容缓，控制大气污染最有效的办法只有一个，那就是减排！”

2013 年 2 月，国家环境保护大气复合污染来源与控制重点实验室成立，贺克斌担任实验室主任，这所实验室是环境保护部依托于清华大学环境学院建立的部属重点实验室，这所实验室在研究我国快速城市化带来的严重区域大气复合污染问题和新的空气质量标准达标问题中，发挥了重要作用。

2015 年，贺克斌当选中国工程院院士。2017 年，贺克斌当选北京市第十五届人民代表大会代表；2019 年，贺克斌当选北京生态环境公益大使。多重身份加身，贺克斌对于北京的环境质量改善格外上心。2020 年，北京 PM2.5 年均浓度为 38 微克 / 立方米，首次实现“30+”，对于这一成绩，贺克斌认为“含金量十足”，但依然提醒，大气质量能否有更进一步改善，依然取决于自身减排、气象因素和区域联防联控的效果，“减排依然是硬道理”。

2020 年，我国向世界承诺，提出二氧化碳排放力争于 2030 年前达到峰值，努力争取 2060 年前实现碳中和；“碳达峰、碳中和”这一新目标提出之后，清华大学成立碳中和研究院，贺克斌任院长。

“实现碳达峰、碳中和是一场广泛而深刻的经济社会系统性变革，将会带来政府行为、企业行为和个人行为的根本变化”，贺克斌对于“双碳”认识格外深刻，如何实现“双碳”目标也将成为他未来的研究重心。他寄语年轻人，“不能只认准眼前的需求，还要根据社会的发展挖掘需求”。

讲述

参加高考时，最流行的话是“学好数理化，走遍天下都不怕”

新京报： 您是 1980 年参加的高考，42 年过去了，您认为高考于考生的意义有什么变化吗?

贺克斌： 我参加高考的时候，能考上大学的概率是相对比较低的。和现在相比，那时年轻人的机会有限，高考对每个年轻人的意义都是巨大的。40 多年后的今天，大学和大学专业的数量不断增加，考上非常理想的大学也许依然不容易，但是年轻人有了更多的选择，加上社会对年轻人的需求也更加多样，“一考定终身”这种说法已经不再成立了。

另外一个不同就是，大家对于学科的认知越来越全面。像我参加高考的那个年代，最流行的一句话是“学好数理化，走遍天下都不怕”。那时，大家能关注到的主要是基础学科，这也是因为国家和社会在不同时代有不同需求，而且当时的信息来源相对闭塞，考生没什么机会了解更多、更具体的学科内容。

现在的社会条件不一样了，考生在考前就能从招生简章中了解各个学校、各个专业的详细信息，而且互联网让每个人都有机会全面了解社会现状、行业需求，可以说在参加高考前，考生就可以找准自己未来选择的方向。年轻人应该牢牢抓住这个优势，从而更加具体地确定自己的定位。高考的意义，则从寻找未来，变成了助力未来。高考只是人一生中经历的重要挑战之一，闯过了这一关，学习生活依然任重而道远。

“恩师郝吉明，对我影响极大”

新京报：在您个人的学习生活中，有哪些在关键时刻陪伴您成长的良师益友？

贺克斌：在我的每一个学习阶段，都曾受益于身边的老师和同伴。1980 年，我进入清华大学环境工程专业学习，之后也在清华攻读了该专业的硕士和博士研究生。从我进入清华大学学习开始，学校整体的学术氛围，以及那个年代的社会风貌，都会推动学生树立为国家的环境工程事业做出贡献的目标。

学生时代的贺克斌（后排左）与同学合影。

我的恩师郝吉明对我的影响极大。郝老师曾教导我们，做科研要有两种精神，一是有担当，二是懂奉献。我研究的领域是环境污染的现状，它是从单项到多项的，不可能靠一个人的知识背景覆盖所有内容，所以团队意识尤为重要。

郝老师一直强调，为国家排忧解难，绝不是一个人的英雄主义，而是从事相关事业人员的集体信仰。我相信在任何的研究领域以及行业发展领域，团队协作精神，都是不可或缺的。

新能源领域衍生出的新学科值得关注

新京报：您在大学选择了环境工程专业，当时为什么选择这个专业？对于专业的选择，您有什么建议？

贺克斌：上高中时，我读到了《人民日报》刊载郭沫若先生的一篇文章——《科学的春天》。我当时并不完全明白文中提到的“我们民族历史上最灿烂的科学的春天到来了”意味着什么，但这篇文章给了我科学的启蒙。和那个年代的绝大多数年轻人一样，我那时就把成为一名科学家当成目标之一。

像我研究的环境领域，我国提出二氧化碳排放力争于 2030 年前达到峰值，努力争取 2060 年前实现碳中和；“碳达峰、碳中和”也被写入今年的政府工作报告。从这个规划中，我们就能嗅到新能源等领域的发展前景，其衍生出来的新学科也值得关注。当然，任何时候一些相对基础的学科都会随着社会需求的变化，拥有新的领地和用途。

另外，年轻人也不能只认准眼前的需求，还要根据社会的发展挖掘需求。比如，在掌握了某个学科领域的知识精髓后，自己去创造一个全新的领域，在专业领域进行自主创业，引领社会发展。年轻人在进行自我定位时，应该拥有这样的眼界和目标。

不惧遗憾，发挥稳定就是圆满

新京报：对于一年一度的高考，有什么考场经验可以嘱咐高考学子吗？

贺克斌：每一个考生在高考之前，都已经经历了无数次大大小小的考试，应该把高考当作无数次平凡的考试之一。当然，这次考试成绩的决定性非比寻常，在考试中一定会紧张，所以，高考考的不仅是平日的学习成果，更是面对重要时刻的心理素质。心态要稳，要冷静，当然也不能过于松弛，适当的紧张对考试是有帮助的。

每次考试都会多多少少留有遗憾，当年我交卷后，回去一琢磨，也会想起某道题是不是还能再多做一步；拿到各科成绩后，也会试着去总结，某一个科目是不是还能考得再高一点儿……但事情永远不会是完美的。只要发挥相对稳定，就是圆满完成任务。

记者手记

天才之为责任

见过贺克斌的人，都会对他的络腮胡印象深刻，那浓密的胡须仿佛是浓密的智慧。

贺克斌很健谈，记性也很好，谈起40多年前的高考往事，历历在目，依然记得当年交卷之后的遗憾，“某道题是不是还能再多做一步”。

即使觉得自己高考考得不圆满，贺克斌依然考取了清华大学。从高考填报的那一刻起，贺克斌就立志成为一名科学家。“上高中时，我读到了《人民日报》刊载郭沫若先生的一篇文章——《科学的春天》。这篇文章给了我科学的启蒙，我那时就把成为一名科学家当成目标之一。”参加高考40多年后，已经是工程院院士的贺克斌，可以说实现了这一目标。

有人说，天才都有与生俱来的责任感，贺克斌就是一个明显的例子——考入清华大学、成为院士，在普通人看来，已经算是“天才”了；贺克斌选择的人生道路，也足以彰显他的责任感。他自己也曾说，很多成功人士从很小的时候就曾展现出非凡的“野心”，给自己设立了明确的目标并制定严格的要求，并一直在这条路上矢志不渝地努力。

1980年，贺克斌进入清华大学土木与环境工程系学习，之后在清华攻读了该专业的硕士和博士研究生。在这里，他遇到了他的恩师郝吉明。同样身为院士的郝吉明，是我国改革开放后第一批公派留学生，也是改革开放后清华大学第一位从美国回校任教的博士研究生，他曾带领团队，确定了我国酸雨防治对策。

“郝老师曾教导我们，做科研要有两种精神，一是有担当，二是懂奉献。”在恩师的言传身教和清华学术氛围的感召下，贺克斌树立了为国家的环境工程事业做贡献的目标。

他也确实做到了。为根治雾霾，贺克斌牵头指导2+26城市统一编制精细化污染源排放清单，牵头组织研究提出冶金、建材、燃煤、柴油机和VOC等重点领域大气污染治理方案，为秋冬季空气重污染科学应对发挥关键作用。

高校任教几十年，贺克斌又将这种责任和使命传给了自己的学生。贺克斌认为，从事环境科学研究的学生，应该对于生态环保问题有一种与生俱来的使命感和责任感：“我经常对我的学生说，‘你觉得累就对了，觉得课业任务重就对了’！想要做一名合格的环境人，就是要‘豁得出去’，才会学有所成。”

新京报记者：李玉坤　编辑：白爽　校对：翟永军

刘忠范：

坐着马车到达高考考点，在大车店过夜

培养兴趣
抓住机遇
勇敢选择
刘忠范

自2004年问世，石墨烯便引起了全球范围的广泛关注，这是一种改变世界的战略新兴材料，拥有极高的导电、导热和力学性能，是十分受欢迎的新型碳材料。刘忠范的微信名也叫“石墨烯”，作为北京石墨烯研究院院长，他正在带领研究院全力开展石墨烯材料的核心制备技术和未来“撒手锏”级应用研发。

1962年10月，刘忠范出生于吉林省九台县。由于天资聪慧、勤勉好学，他的学业一路顺畅。1983年8月从吉林工学院毕业后，他前往日本留学，师从日本国宝级科学家藤岛昭，先后获日本横滨国立大学硕士学位和东京大学博士学位。在近10年的日本留学期间，他打下了从事高科技和交叉学科研究的基础。

1993年6月，刘忠范离开日本，带着老师送他的60多箱仪器设备来到北京大学任教，成立了国内一流的实验室，同年晋升教授。1997年9月，刘忠范等推动成立了北京大学纳米科学与技术研究中心，这是我国第一个跨院系、跨学科的纳米科技中心。刘忠范创立了中国化学会纳米化学专业委员会并担任首任主任，他是亚洲纳米科技系列会议“AsiaNANO-X”的发起人之一。在纳米科技和纳米碳材料研究领域，刘忠范被公认为是先行者和引领者。他于2011年当选中国科学院院士，2013年入选中组部“万人计划”杰出人才，2015年当选发展中国家科学院院士。

在纳米领域耕耘十余载的积累，使刘忠范及其团队很快在石墨烯领域取得突破，在石墨烯新材料的高温生长方法研究方面做出了一系列开拓性和引领性工作，成为驰名世界的石墨烯研究团队。

2018 年 10 月 25 日，北京石墨烯研究院揭牌成立，这是刘忠范团队开展石墨烯产业化的关键一步。“不要走不出实验室的石墨烯。”他这样说。

三年多来，刘忠范带领团队在石墨烯材料的规模化和工程化制备方面突破不断，先后推出了 4 英寸单晶石墨烯晶圆、6 英寸单晶石墨烯晶圆、A3 尺寸通用石墨烯薄膜、A3 尺寸超洁净石墨烯薄膜、石墨烯玻璃纤维、超级石墨烯玻璃等明星产品，实现了从实验室样品到规模化产品，进一步到市场化商品的连续跨越，为推动石墨烯产业发展做出了重要贡献。

“石墨烯具有很多优异的‘特性’，如果未来这些‘特性’能在实际的石墨烯材料和产品中很好地展示出来，必将产生非石墨烯不可的‘撒手锏’技术。”探索备受期待的“颠覆性”的技术，这位科学家抱有“十年磨一剑”的耐心。

讲述

谈成长环境：一年有三分之一的时间在干农活

新京报： 您从小的成长环境是什么样的？

刘忠范： 1962 年 10 月，我出生于吉林省九台县（现为长春市九台区）卢家公社赵家大队第五生产队，这是一个纯粹的农村，我的父母是一个大字都不识的农民，我排行第三，兄弟姐妹各有一个。

我天性喜爱读书，上课认真听讲，在学习上也不需要人督促，是老师们都喜欢的“乖孩子”。可能是比较聪明的原因，我在学习上并没有花那么大气力，一直保持第一名的成绩。

当时的课业也没那么重，我除了听课、看书、做作业，有大量的时间接触自然。在那个时代，学生要成建制地在各个生产队帮忙干活，春天种地、夏天除草、秋天秋收，一年至少有三分之一的时间在干农活。我身处大自然，好奇心强烈。这份好奇心维持至今，我把自己的喜欢、热爱变成了专业、职业。

新京报：您后来选择了化学专业，但从小喜欢诗歌，似乎文理科都学得不错？

刘忠范：我的确不偏科，即便对于不那么喜欢的学科，我的成绩也都很好。念小学的时候，班主任是政治老师，我的政治是免修的，因为每次老师提问时，我都对答如流。我的记忆力不错，老师讲的内容我都能过目不忘。

我喜欢诗词，是受当小学老师的哥哥影响。念初中时，有一次语文老师带我们春游，回来后让我们写作文，我写的散文里就包含了自己创作的诗，老师当着全班同学诵读，让我很受鼓舞。后来我得到一本《千家诗》，从头背到了尾。至今，我仍然非常喜欢唐诗宋词，还收藏了各个版本的唐诗宋词出版物。当然，我还喜欢纳兰性德，收藏了《纳兰性德全集》。

谈高考：成绩好，备考时学校“开小灶”

新京报：您于 1979 年参加高考，此前是如何备考的？

刘忠范：和现在孩子们的题海战术不同，我们当年没有复习资料。由于我是学习委员，还帮大家统一购买黑龙江等地的少量复习资料，资料是手写油印的，还存在半路涨价的情况，很不规范。

那时候，农村学生对大学知之甚少，大学是一个遥不可及的神圣殿堂，多数人对考大学不抱希望。因此，很多调皮的学生上课捣乱，老师在讲台上课，他们在下面起哄，闹得一塌糊涂。学校知道我成绩好，把希望寄托在我身上，就给我开了小灶，在老师的教研室弄了张小课桌，让我自己安心学习。

1979 年 2 月，各个学校选拔了 2–3 名成绩优异的学生，把我们送到九台一中集训 35 天。那里的教学质量很高，我收获良多。临近高考，老师建议我住校，鼓励我再加把劲，把通勤的时间也拿来学习。由于我家境贫困，还是学校批给我几元钱，让我得以住校 3 个月。

新京报：您还记得赶考和收到录取通知书的场景吗？

刘忠范：我高考的地点位于另一个公社，距我们公社大概有 20 里路，我和一帮人坐着一辆马车到了考点，在大车店（东北地区为行人提供住宿的简陋场所）住了两三天。考完试，又被马车拉了回来。

考完试之后，我也没想过能考上大学，就回家干农活去了。有一天中午，我正在地里打农药，家人跑来找我，说邮递员来了。我跑回家里时被邮递员“训”了一顿。他说，人家没考上的都去看成绩，你是唯一一个考上的，通知书下来半个多月了也没人拿。后来我大学期间回家，邮递员看到我还时不时开玩笑，说没有他，我就（收不到通知书）没法上大学了。

新京报：您是如何选择学校和专业的？

刘忠范：我们当年高考是先考试，再填写志愿。我对大学一无所知，不知如何报考，学校教导主任修老师帮了大忙。修老师问我将来想干什么，我说当老师，于是他建议我报考延边大学。第二志愿吉林工学院也是修老师建议的，他说这个学校坐落在南湖公园边上，环境很美。后来我被吉林工学院录取，因为听说延边大学要求懂朝鲜语。

我从初中起就特别喜欢化学，所以选择了化学工程系。我一直以来也是如此，选择自己热爱的东西。

谈大学生活：成绩居首，是全校唯一优秀毕业生

新京报： 大学会集了各地的优秀学子，您在学业上有竞争压力吗？

刘忠范： 到了大学，我一头扎进知识的海洋，学习的劲头更足了，舍不得浪费时间。我整天闷头学习，大一到大四的学习成绩一直稳居第一名。我的用功是出了名的，在大家的印象里，我经常穿着破衣服、拎着脏兮兮的大茶缸到大教室或者图书馆学习。

我的数学考试几乎每次都是满分，数学老师姓蔡，我还记得每次考完试，他一进教室就大声说，刘忠范又得了 100 分。后来我才得知，一些大学同学曾经私下打赌，谁考得过我，其他人要请客，但从来没有人成功过。

由于高中时我只突击学了 26 个英文字母和几句简单的英语，考大学时放弃了英语卷子，英语是我的短板。大学期间，我投入极大的热情学习英语，每天早晨在南湖公园跑步时边跑边背单词，英语小词典背了一大半。我还买了几本英语小册子，从头到尾翻译成中文，打下了扎实的"基本功"，全校英语竞赛竟然还拿了奖。

1983 年大学毕业时，我是全校唯一的优秀毕业生，这是只有每门课都达到 90 分以上才能获得的殊荣。学校奖励了我两条毛毯。因为家里穷，我大学 4 年没戴过手表，一个远房婶子说她可以帮我

卖掉毛毯，换一块表。我没有同意，一方面是觉得这个奖品是一种荣誉，另一方面估计有想拿回家“炫耀”的心态。

刘忠范是“文革”后村里第一个考上大学的学生。

新京报：您的大学生活是什么样的？

刘忠范：大学给我留下的记忆就是学习和贫穷。到了大城市，我是有点儿自卑感的，一年到头只有两三件衣服，连换洗的都没有。奖学金就是我的全部生活来源，省吃俭用的同时还给家里寄去了 30 元。

大学 4 年，我吃得最多的是 9 分钱的白菜汤，这是最便宜的菜。我通常最晚去食堂，这样师傅会把剩下的菜多给我点儿。我只有在生病时才犒劳自己，买份一毛多的菜。后来我养成一个习惯，越生病反而越能吃，这个习惯一直延续到今天。

不过，我刻苦学习只是单纯地热爱知识，从没想过要通过学习改变贫穷的命运。

新京报：您考上大学的经历，是不是也激励了同村的年轻人？

刘忠范：我是“文革”后村里第一个考上大学的，当初这个消息不仅在我们村，在十里八村都很有名。“大学生”专门指代的就是我。提及大学生回来了，说的就是我回来了。

之前大家都认为大学是遥不可及的，我的奋斗经历起到了示范作用。我们村有2000多人，后来有100多人都考上了大专、大学。长春当地媒体还专门写过一篇报道和一篇报告文学，讲述我们这个“状元村”的故事。

谈学成归国：日本老师送了我一卡车仪器设备

新京报：您大学毕业后，是在什么机遇下留学日本的？

刘忠范：最初因为我学习成绩好，大家认为我会留校工作，但当时我听说考研究生可以继续学习，就复习备考并听从老师的建议，考取了中国石油大学（当时叫华东石油学院北京研究生部）的研究生。这里还有一个小插曲，当时考卷封面上有出国研究生和国内研究生两个选项，我问老师哪个难考，他说当然出国难考，于是我就选择了出国研究生。考试是我的强项，也确实没有悬念地考上了。

作为国家公派的留学生，我们在东北师大留日预校学了半年日语后，在1984年10月5日乘坐专机去了日本。我的硕士学位是在横滨国立大学读的，在留日预校通过考试获得了日本文部省奖学金，17万日元，这在日本相当于一个助手的工资，连日本学生都很羡慕我们。

1987 年 4 月，我考到东京大学继续攻读博士学位，师从日本知名科学家藤岛昭。去年，媒体关注上海理工大学“挖”来了日本诺奖级团队，在日本引起了震动，就是我的导师藤岛昭先生。

新京报：后来您为何选择学成归国？

刘忠范：我跟着藤岛昭先生读完博士，又做了两年博士后。后来我又到分子科学研究所做井口洋夫先生的博士后，他在日本学术界也非常有名气。在两位老师的门下，我接受了非常严格的科研训练，也唤起了我对科学的浓厚兴趣。我真正喜欢上科学，受他们的影响非常之深。

1992 年，我在日本业界已经小有名气了。北京大学化学系的蔡生民老师想揽才，来东京大学访问时导师向他推荐了我。后来老先生几次邀请我，有一次还专程从东京到位于冈崎市的分子科学研究所见我，到那里时已经半夜了，我被蔡先生的真诚所打动，最终决定回国。

1993 年回国之前，我的两位导师藤岛昭和井口洋夫觉得，当时中国的科研条件恐怕不行，所以他们送了我一卡车仪器设备。这件事儿在当时是前所未有的，惊动了中国驻日大使馆和国家教委。这么多仪器我自己没办法运回来，国家教委协调了“向阳红号”科考船，将仪器运了回来。我于 1993 年 6 月 5 日回国，到年底时，就组建了十几个人的研究团队，再加上从日本拉回来的仪器设备，我的实验室在当时可以说是国内一流的。

新京报：您认为大学开拓了您的眼界，对一年一度参加高考的学子，您有哪些人生经验可以分享？

刘忠范：不一定只是针对高考，我认为兴趣、机遇和选择都非常重要。

我一直凭着兴趣做事，把兴趣变成了我的事业、职业，兴趣可以让你走得很远；没有恢复高考，我也考不上大学，没有改革开放，我也不可能有机会出国留学，所以机遇很重要。当然，机遇是给有准备的人的，抓住机遇极为重要；我当年回国也可以算是恰逢其时，此后成就了我过去30年的事业。所以要在适当的时机做出恰当的选择，选择决定你的人生轨迹。

我给大家的建议是：培养兴趣、珍惜机遇、勇敢选择。

记者手记

兴趣、机遇和选择

在很多人印象中，刘忠范院士看不出年龄，他亲和健谈，谈话不疾不徐，给人以温文尔雅的印象。

第一次采访他是在两年前，彼时石墨烯概念被炒得很热，相关商品走入百姓的生活，但大家对于石墨烯还是一知半解。在采访中，他深入浅出，先进行了一番石墨烯科普，也直言市场上石墨烯“三大件”——大健康和电热产品、石墨烯改性电池、防腐涂料未必是石墨烯未来的主导应用，而石墨烯复合材料、石墨烯信息技术等不能立即变现，但它们代表着石墨烯材料的未来。

他给“石墨烯热”降温，同时也鼓励研究人员要有耐心和坚持，“做基础研究要弘扬科学精神，面向应用要提倡工匠精神”。言谈间，科学家严谨求实、勤于钻研的精神展露无遗。

此次采访中，我们的话题聚焦他的“成长史”。刘忠范院士讲了一段“游水求学”小故事。

从他的家到公社高中，单程15里，一天30里路，他起早贪黑走了两年。其他人家里有自行车，他只能靠走路。“当时我在当地很有名，大家都知道有一个家伙学习很好、走路很快，他们叫我‘刘小走’。”他幽默地回忆起往事，称自己从来都不缺课，有一次雨下得非常大，他途经的地方位于水库下游发了大水，他就一个人顶着书包游了过去。到学校之后才得知，因为下大雨学校放假了。

“比你聪明的人还比你努力”，大抵就是如此。很多人羡慕科学家天资聪慧，但在刘忠范院士的人生中，勤勉、毅力、勇气也一直与他相伴。

对于青年发展，他以自己的经历为例，给出了三点建议——培养兴趣、珍惜机遇、勇敢选择。他一直凭着兴趣做事，把兴趣变成自己的事业和职业。“兴趣可以让你走得很远。”

刘忠范院士说，没有恢复高考，他就无法在大学接受高等教育；没有改革开放，他也不可能出国留学。“这两个机遇恰好被我抓住了，早一点儿、晚一点儿都不行，所以我觉得机遇特别重要。机遇可以让你飞得更高。”

他继而说，在恰当的时间做出勇敢的选择极其重要，“它会决定你的人生轨迹”。他又讲了一个例子，最初在横滨国立大学读研时，他遇到了一个放任自流的导师。导师经常出差、写书，从未指导或过问过他的研究工作。两年多的硕士研究经历，他并没有真正感受到科研的乐趣。因此，刘忠范果断地选择了离开，尽管导师动员他继续在自己名下读博士。他在导师不肯推荐的情况下，义无反顾地报考著名的东京大学，投奔知名科学家藤岛昭先生，并勇敢地闯入 LB 膜这个全新的领域，成了该领域小有名气的专家。

如今，刘忠范仍然有勇气做出新的尝试和选择。他走出北大实验室，正带领北京石墨烯研究院 260 多位科研和创业人员开创出一片新天地。

新京报记者：张璐　编辑：刘茜贤　校对：赵琳

彭练矛：

从虎什哈到北大燕园，从拼命读书到坚守“造芯”

世上无难事
只要肯攀登

彭练矛的“十年寒窗”，是在一次次搬家中度过的。

他的父亲是铁道兵。“修铁路要到处跑，哪里没有铁路，就到哪里修路。”全家跟着父亲辗转各地。1962 年，彭练矛出生在江西鹰潭，很小就随父亲到了福建厦门，随后又去往福建南平顺昌县。

“我有很长一段记忆留在了顺昌的铁道兵部队大院里。一栋楼里上上下下的邻居，谁父亲从前线回来，总会带很多东西，比如，小糖果之类，给每家的小孩都分一点儿。”在那里，彭练矛度过了一段童年时光。

彭练矛回忆说，当年就读的东方红小学建在一个山坡上，顺着一个大台阶爬上去就是顺昌一中，“我们大院距离学校五六里路，那时候觉得不算太远，一帮小孩成群结队地上学、放学，想着各种各样的法子玩”。

11 岁时，他们全家来到了河北省承德市滦平县一个叫虎什哈的镇子。每次搬家，彭练矛都会换一所新学校。“这么一倒腾，中间跑丢了几个学期。”

对他的同学来说，上学是件很奢侈的事。那时的农村，十几岁的孩子都要干活，有些孩子根本没有机会读书。

“连吃饱饭都是问题。”彭练矛有两个哥哥，三个男孩粮票都有定量，一个月只有十几斤粮食，没有油水，根本不够吃。为了填饱肚子，他们就拿粮食换红薯，一斤粮食差不多可以换 7 斤红薯。由于在福建时吃了太多红薯，吃“伤”了，彭练矛到现在都不怎么吃红薯。

在那个没有铁路、吃不饱饭的小镇，彭练矛考上了北京大学。那是1978年，高考恢复的第二年，年仅16岁的彭练矛走进燕园，成为“文革”后北大无线电电子学系招收的首届学生。

上大学后，每月的粮票定量涨到了54斤，彭练矛终于能吃饱了。除了喂饱身体的粮食，更让他兴奋的是那些取之不尽的“精神食粮”，他总是早早地去图书馆排队借书，再“打游击”一样地找地方看书。

1982年，彭练矛考取了北大电子物理硕士研究生，此后又赴国外深造，开启了电子显微学和碳基纳米电子学研究的新篇章。

步入21世纪以来，人们一直试图寻找能够替代硅的芯片材料，而碳纳米晶体管是最具前景的方向之一。从2000年至今，彭练矛坚守在国产碳基芯片研究一线，并首次制备出性能接近理论极限，栅长仅5纳米的碳纳米晶体管，成为国产碳芯片发展的领军人。

讲述

谈高考：“要读书就去最好的地方读”

新京报：您当年接受的小学、中学教育是什么样的？

彭练矛：那时正处于“文革”时期，科班出身的好老师很少，很多没经过正规教育，更不用说师范教育。学校教的不是数理化，而是“工农业生产知识”，包括拖拉机的构造、怎么制造沼气之类，更强调将知识应用于生产中，而不是死读书。

秋冬时节，河里水都干了，我们从生产队借手扶拖拉机，在河道里学着开。河道里风特别大，每次开完之后，回家就会生病。

新京报：听到恢复高考的消息是什么心情？

彭练矛：当时我的两个哥哥都在河北农村一个叫六道河的地方插队，恢复高考对他们来说非常重要，因为这是他们离开那里的唯一途径，否则他们就要在那儿待一辈子。如果能考上，家里最发愁的事一下就可以解决了。而我当时还在上高中，高考对我来说没有像对哥哥们那么特别。

彭练矛（左下）和两个哥哥。

新京报：当时高考竞争激烈吗？考哪些科目？

彭练矛：高考刚恢复，积压了十来年的学生一起进考场，其中包括“老三届”，竞争还是比较激烈的。我记得 1978 年、1979 年的高考录取率大概只有 6%。当时考试的科目为数理化、语文、生物、地理、英文。英文分数是作为参考分，不纳入总成绩。英文我学了一点儿，但是没有信心能考好，所以没参加英文考试，我的英语参考分是 0 分。

新京报：您认为自己属于“天赋型”还是“努力型”？

彭练矛：1978 年，我参加高考的时候，我的两个哥哥都考走了，剩我独身留在河北。我很努力地学习，也想跟哥哥们一样考上大学。

高考很难，但最难的不是学习，而是获取资料，因为只学“工农业生产知识”是不够的，必须去找数理化教材，但可能整个学校也没有一套完整教材。

那时，只要谁有以前的中学教材，我就想各种办法去借，或是用自己手里的资源和别人交换，然后用蜡纸手抄一份，习题也会抄写。我一直都是班里的好学生，老师拿到书或习题也会想着我。当时我自学了所有能够借到的教材，做完了所有习题。那时只有一个单纯的念头，就是把书读好。

新京报：当时在哪儿参加的高考？

彭练矛：要到滦平县城里高考。考试持续好几天，要提前去。那几天正好下大雨，路上都没法走车，比较危险。高考前夕的摸底考试，我的成绩在整个承德都特别好，铁道兵系统对我寄予了很大希望，后来部队专门派了一辆轨道车，把我和其他参加高考的同学直接送到了县城。轨道车有点儿像一节火车头，但不是用来拉列车，而是平时用于巡查和检查路况，只能装几个人。

部队管送不管接，考完试之后，我自己大概走了 60 多公里回家。还记得，路上要过河，河水都快漫到胸脯，那时胆子很大，直接就蹚过去了。

新京报：什么时候知道高考成绩？当时什么心情？

彭练矛：我的成绩在整个承德地区排第一。但当时没地方查成

1979 年左右，彭练矛假期回家。

绩，县里先知道了消息，慢慢传到村里，我是最后一个知道的。

有一天，我的一个好朋友去邮局取信，看到一个写着我名字的信封，就顺便给我捎了回来。我老远就看见他蹦着跑过来，一看，是北京大学的录取通知书，特别高兴。消息传出去后，学校的老师们也知道了，有的老师说：这娃可惜了，要是上“北大”多好，怎么最后上了“北京大学”？之后我去县里体检时碰到教育局的人，才真正确认了自己的分数。

新京报：能讲讲当初填报志愿的故事吗？

彭练矛：我们当时是高考前填报志愿。我所在那个地方，有史以来没有人考上北大。那时想法特别简单，北大是当时全国最高学府，是我内心的憧憬，我就认定，要读书就去最好的学校读，所以就报了北大。当时父母也不太明白怎么报志愿，很多老师都觉得我报高了。

一开始，我特别想读数学专业。我很喜欢数学，但高考数学只考了 80 多分，物理考了 95 分左右，所以后来还是选了物理。当时看到有个专业叫“电子物理”，觉得又有电子又有物理，看起来很厉害，就选了。后来才知道，电子物理不属于物理系，而是属于无线电系，无线电系是从物理系分出来的。

谈求学：“没什么别的想法，就拼命读书”

新京报： 来北京求学是什么场景？

彭练矛： 那时去上大学标配就是一床被子，叠成豆腐块，打个包，后面挂着洗脸盆和饭盆，还有一些书，背在身上就去了北京。

去上学之前，父亲送给我一块上海牌手表，当时算比较奢侈的礼物。我们家三个孩子，父亲给每人都送了一块表。那块表我一直戴着，毕业后去美国读书还一直戴着。有一回在学生食堂吃饭，天气比较热，就把表摘下来放在托盘里，吃完饭把托盘端去送洗，结果忘了拿手表。后再也没能找回来。

新京报： 在燕园的日子是怎么度过的？

彭练矛： 除了拼命读书，没有什么别的想法。老师们非常好，大一大二的时候有几个老师我们特别喜欢。

我们会去北大图书馆排队借书，常借两类书：一类是专业里头最“猛”的书，像《吉米多维奇数学分析习题集》、J.D. 杰克逊的《经典电动力学》等，这些书得早早排队才有可能借到，而且看一个上午必须还回去，然后再继续排队借；另一类是文学经典，虽然是理科生搞科研，文学名著也要读，像《约翰 · 克利斯朵夫》《三个火枪手》，一周要读好几本。有时一本书要等很长时间才能借到。当时要想找地方看会儿书可不容易。那时候图书馆学生多、位置少，拿着阅读卡才能有一个座位。阅读卡不是人手一张，我们一个宿舍7个人，只有1张阅读卡。当时图书馆规定，晚上7点以后就可以随便坐，那时可以安心坐在那儿看书。教室也一样，什么时候教室空了，就跑过去待着看会儿书，什么时候有人来上课，再换个地方。

新京报：有人怀念20世纪80年代，您对那个年代有什么特殊的印象吗？

彭练矛：那时大家都意识到，我们和外面的世界有巨大差距，觉得国门打开了、有机会了，都想要提升自己，大家都生机勃勃，追求理想。我觉得，任何时候都应该这样。

谈当下：认真把事做好，才能把控自己的命运

新京报：如何看待当下的高考？

彭练矛：高考只是人生中的一道坎，人生中还有很多道坎。即使没有上大学，也不说明人生就不能出彩，我一直觉得，不管做什么，都要认真把事做好，这样才能够把控自己的命运。即便上了北大，有积极上进的，也有懈怠放松的。

新京报：与过去相比，现在的学生有什么不一样？

彭练矛：不太一样。当时我们的选择少，还是毕业分配的年代，所以显得单纯一些。同学们很纯粹，读书就是要提高自己。很少有人想着找工作的事情，想的都是读完之后怎么为国家服务。那时候也分成绩好的和稍微差一点儿的，但放松和放弃自己的人非常少。

现在的孩子视野比较广阔，想法也比较多。但很多学生没把精力都放在读书上，总想着如果找不到工作怎么办？大部分孩子考研、读博是在逃避就业，真正热爱科研、想做学术的少了。

很多学生能考到北大，可以说是天之骄子，但有些同学经过一两年，觉得很难再处处保持最优秀，一旦接受了“我不是最好的”的设定，对自己就降低了要求，开始琢磨“我能找个什么工作”“谁谁谁能挣多少钱”“哪个公司今年招几个人”这些事。

但我始终觉得，我们国家这么大，留给大家去创造、去做贡献的天地非常广阔，很多孩子生来是做大事的，而不是仅仅为了养家糊口。

记者手记

亲历者是一扇门，让我寻到触摸历史的捷径

莺飞草长的3月，燕园里的玉兰树密密匝匝地缀满了花苞。进入北京大学东南门，右首边第一栋楼上“逸夫苑”三个大字跳入视野。彭练矛的办公室就在这里。

他办公桌对面一整面墙都是书，不少是外文的，好多个金色奖牌随意地摆放着，“国家自然科学二等奖”“2011年度中国科学十大进展”，显眼位置是一家人的合影和一位少年穿着学士服拍的毕业照。“那是大儿子。”他笑呵呵地告诉我。

这是我与彭练矛的第二次见面。第一次见到他是在两年前，2020年北京两会上，彭练矛作为北京市政协教育界别委员在小组会上发言。他言辞铿锵地发问：“我们的教育应该培养什么人、怎样培养人、为谁培养人？”

声音在左前侧传来，我抬头望去，这位委员身形敦厚，戴一副眼镜，额头眉心正中处有一颗痣。也因为他“新晋院士”的身份，对他印象格外深刻。

会议休息时，我在走廊上拦住了他，希望与他进一步探讨。他和善地与我聊起来，谈到他关注到国家当下的基础教育下了很大力气，但仍有值得反思之处。我在心里暗自惊叹，这位身在高校、埋首科研的科学家对教育事业竟有如此敏锐的洞察。

随后我才知道，眼前与我侃侃而谈的这位教授，竟是致力于突破国家“卡脖子”难题、我国碳芯片发展的领军人。1994年年底，彭练矛回到阔别10余年的祖国时，英国剑桥大学卡文迪什教授豪伊评价称：“彭的离去是英国电子显微学界的一大损失。”

时隔两年，今年3月接到“院士高考回忆录”策划方案时，我

脑海中第一反应就是他。巧的是，查询公开信息发现，彭练矛生于1962年，1978年高考，他经历的恰是高考制度恢复后的第二次高考。教育记者的第一直觉迅速闪现：请他回忆高考，这背后一定有故事。

锁定这位采访对象后，我立马在微信上向他发送采访邀约。当日并没有收到他的回复，作为记者，采访被拒绝或无疾而终实属正常。意料之外，第二天一早醒来，他发的信息在手机屏幕上弹出来："蛮值得做的事情。"还贴心而坦诚地附上一句："我的事情有些忙，可能不能非常快速回复你，但我会上心。"

1977级、1978级大学生，是中国高等教育史上十分特殊的一个群体。他们当中，有不少是部分高校、专业招收的首批学生；他们中很多人经历了"上山下乡"的磨炼，因为高考而改变命运；高考恢复之初，"积压"了十余年的学生共同奔赴考场，录取率极低，他们从最激烈的竞争中脱颖而出；他们走出校园时，恰逢改革开放大潮，为国家发展注入新生力量……他们的命运与国家命运高度重合，身上有着鲜明的时代印记，他们的故事是值得记忆和书写的。

这些对90后的我来说，充满了吸引力。与亲历者交谈，这个机会对我来说十分宝贵。

交谈中，那个年代在我眼前鲜活起来。彭练矛讲到他小时候靠粮票吃不饱，用粮食换红薯填肚子的故事。"红薯吃太多总爱放屁！"说到这儿我们俩哈哈大笑起来。讲到上学时学"工农业生产知识"，冬天在干涸的河道里学开拖拉机被冻得生病的故事；还讲到高考恢复第二年，大雨天铁道兵部队派"轨道车"送他去县里高考，从河北承德的小镇考到北京大学的故事……与亲历历史的人交谈，仿佛打开一扇门，让我得以寻到触摸历史的捷径。

彭院士最忧心的还是芯片。从2000年至今，彭练矛坚守在国产碳基芯片研究一线，首次制备出了性能接近理论极限，栅长仅5纳米的碳纳米晶体管，这为中国芯片突破西方封锁、开启自主创新时代带来新的希望。

但他也很清醒，“这距离实现在芯片技术上超越欧美还有很长的路要走”。在他的言语中，我听到，他已经做好了继续长期奋战的准备。

在他身上，还能看到20世纪80年代人人追求的“理想主义”的影子，还有那股“认定一件事就一往无前”的劲头，近60岁的他，一如少年。

新京报记者：冯琪　编辑：缪晨霞　校对：付春愔

吴岳良：

那道高考物理题，可能改变了我的人生

高考的日子里，难免有紧张感。
希望同学们
以沉着、冷静投入高考，
以乐观、自信迎接未来。
有恒乃成！

吴岳良

2016年，美国激光干涉引力波天文台（LIGO）宣布探测到了双黑洞合并事件的引力波，同年，中科院也对外披露了我国引力波空间探测计划——“太极计划”。按计划，我国将在2033年前发射引力波探测卫星组，进行中低频波段引力波的直接探测。理论物理学家吴岳良正是“太极计划”的首席科学家。

1962年2月，吴岳良出生在江苏省宜兴市太平村。进入初中后，吴岳良曾向物理老师提问——“时间的起源在哪里？时间有没有尽头？”无意中，他已经叩响探索宇宙奥秘的大门。1978年，吴岳良迎来了人生转折点。他参加了高考，并以全县最好的物理成绩考取了南京大学。

在南大校园琅琅的读书声中，吴岳良倾尽所有时间学习。除了必修的学分，他还选修了粒子物理和广义相对论这两门课程。他回忆说，在南京大学上选修课时，自己就对粒子物理产生了浓厚的兴趣。探索未知世界的渴望，在他心里种下一颗种子，激励他跟随最好的老师，学习和研究最前沿的领域。临近毕业时，他报考了中科院理论物理研究所，师从科学家周光召。

1987年，吴岳良取得中科院理学博士学位后，由著名物理学家李政道先生举荐到德国多特蒙德大学从事博士后工作，之后又在德、美两国继续从事理论物理研究，研究方向为粒子物理和量子场论。1996年12月，在周光召的感召下，吴岳良回到阔别10年的中科院理论物理研究所工作。

吴岳良在基本粒子物理与量子场论、引力量子场论与统一场论及量子宇宙物理等领域做出一系列独创性工作；曾获国家杰出青年基金支持，担任科技部 973 项目“暗物质暗能量的理论研究和实验预研”首席科学家和基金委创新群体项目“物质深层次结构和早期宇宙演化”学术带头人。2007 年，他当选为中国科学院院士。历经 20 多年的坚持，吴岳良于 2018 年在揭秘爱因斯坦统一场论的研究中取得突破——创建了超统一场论。

作为中国科学院大学副校长，吴岳良表示，中国要成为科技强国，必须培养年轻人才，做出能在科学史上留得下来的中国科学家创立的理论，为世界科学发展贡献一份力量。

讲述

从小爱拆装物品了解原理

新京报：作为理论物理学家，您从小是如何对物理产生兴趣的？

吴岳良：我 1962 年出生于江苏省宜兴市太华镇太平村，初中才接触到物理。物理老师是我们本村人，比较熟悉，我喜欢听他的课。这位老师开门办学，当时我父亲是开汽车、拖拉机的，他就请我父亲去讲汽车发动机工作的过程。

在父亲的影响下，我对各种物件原理也很感兴趣，经常把东西拆装摆弄，研究手电筒为什么会发光，锁是怎么开的，总之就是要弄清楚它们的来龙去脉和原因。

新京报：读中学时，学习环境是什么样的？

吴岳良：我们村里只有小学，中学在镇上，离家比较远。我和同学每天上学来回要走 15 里路，有的还是山坡路，风雨无阻。冬天大家起床时天还没亮，晚上到家天都黑了。

我家里重视教育，一般农村的孩子回家是要干活的，我的父母让我专注学习，不用干活。由于小学升初中、初中升高中要看劳动表现，所以暑假我会参加生产队的劳动，并且劳动表现特别好。在同龄人中，我插秧最快。除了种田，我还要上山砍柴。

我们那时候小学是五年制，初中和高中都是两年制。我读中学的时候生病了，初中和高中各休学了一个学期，这两个学期我在家自学，成绩也还不错。这也是受我父亲的影响，他没念过书，全靠自学，他当过会计、文书，觉得文化知识特别重要，所以无论如何也要让家里的4个孩子读书。

曾因表现优秀提前“感受”高考

新京报： 1977年，得知中断了10年的高考制度重新恢复时，您的心情如何?

吴岳良： 得知有高考机会了，我们很兴奋。我当时只上了一年高中，又自学了半年，不属于应届生，但学校推荐优秀生可以去参加考试，我是被推荐的两名优秀生之一。

我抱着试试看的心态，心想今年没考好，下一年还有机会，老师也让我去经历一下考场。那时候是先填志愿后考，我父亲说要考就考北大和清华，我就填了这两个志愿。当时我们和“老三届”一起上了考场，一起参加考试的还有我的老师。

新京报： 1978年真正高考时，您还记得是如何备考和填报志愿的吗?

吴岳良： 第一次高考我毫无压力，很轻松，但高中毕业正式参加高考就不一样了。这一次，我报的第一志愿是南京大学。我中学生病得的是急性风湿性关节炎，冬天农村山里很冷，我经常看书看到晚上十一二点，早上又要早起，所以容易犯病。想到北方气候寒冷，还有风沙，父母和我都担心身体吃不消。江苏省最好的大学是南京大学，所以我报了南大。

当时我们还没有意识到高考可以改变人生轨迹，但我仍然认真备考、主动学习。我们的教材非常简单，光靠书本复习是不行的。我有一个舅舅是老三届的高中生，我看了他的资料，我还有个小姑父当过中学校长，也帮我找了一些资料供我自学。

中学老师也积极帮我们复习，他们虽然在镇里教书，但本身都是大学生，是响应号召到农村支援的。他们对于农村孩子能否考上大学，心里也没数，所以拼命想把他们所有的知识都给我们讲清楚。现在回忆起老师的辛苦，我仍然很感动。

考上大学的经历激励同村人备战高考

新京报：当时参加高考也有家长送考吗？考试难度怎么样？

吴岳良：高考时，我们是到另外一个大的镇上考试，住在那里。我的父母和老师很重视，也在那里陪着。中午，我们到一个亲戚家吃饭，他家做了营养午餐，当时正值夏天，还有西瓜和冷饮。

当年的考试科目包括语文、政治、数理化。考完以后，每道考题我都记得，有一道电学和力学结合的物理题，我和其他同学对了一下，基本上没人跟我是一样的，老师也觉得可能是我做错了。那道题 20 分，我算总分时想，如果这道题我答对了，考上南大没问题。后来证明那道题只有我做对了，我的物理成绩在全县是最高的。

我记得语文考卷很难，我们班只有两个人语文考了及格，我是其中之一。去了南大之后，我才知道，大学同学里也有很多人语文没有及格。我觉得语文很重要，如果语文学不好，数理化也很难学好。因为很多题在审题时，需要好的阅读理解能力。我上三年级刚学写作文时，我父亲就鼓励我给新华社投稿。虽然对方没有采用我的稿子，但给我寄来了材料并且鼓励我，对我影响很大。

新京报：是否记得收到录取通知书时的场景？考上大学给身边的人带来了哪些影响？

吴岳良：1978年，全国出现了大范围的干旱。参加完高考，我就投入了抗旱斗争，帮助父亲组装抽水机。南京大学的录取通知书来得比较晚，父母和我都在焦急地等待，我们甚至还想过，是不是因为我生过病身体不好，所以没被录取。后来是我正在田里干活时，别人告诉我通知书到了。

我考上大学在村里和镇里也引起了轰动，很多人受到激励、有了信心，复习两三年也都考上了大学。我自己的两个弟弟后来也考上了大学。

晚上为多学一小时去平房排队“抢位”

新京报：在大学读书时，大家的学习状态和生活条件怎么样？

吴岳良：由于高考制度曾中断10年，班里的同学各个年龄段都有，最大的是32岁，我16岁，年龄差了一半。大家学习都很用功，但在他们看来，我更加努力。当时南大是10个人一个宿舍，我坐在寝室里学习，不管周围人如何玩闹，我都能不受外界干扰，坚持学习。南大教学楼晚上 10 点关灯，但有两个平房 11 点关灯，我们就到平房去抢位置，争取多学一小时。此前我的英语成绩不好，到了大学，我从早到晚背单词、补短板，还学了俄语作为第二外语。这段经历后来帮了我，因为我博士研究生毕业那会儿，需要会第二外语。

在大学，我们的伙食也不错，由于我是从农村走出来的，得到了最高的助学金，每月伙食费好像是 14.7 元，有时候花不完。最早我们是 8 个人一桌，男生喜欢女生多的餐桌，因为女生吃得少。那时候没有学费和住宿费，我们只需从家里把被褥拿过来。

新京报：大学对您有何影响？同学们的去向如何？

吴岳良：南京大学的老师很好，有这么好的师资资源，我一直在如饥似渴地学习知识。南大最早实行学分制，我每个学期修很多学分，按照学分，我至少可以提前半年毕业。我还选了多门选修课，对粒子物理感兴趣，也是因为上了选修课。当时我是和 77 届的学生一起选修，他们比我早学了半年，后来一起参加考试，我考了第一名。但由于事先不知道要注册，最终学分没有作数。

由于兴趣使然，我学习很主动，通常在暑期的时候，已把下学期每门课程的一半内容自学得差不多了。所以老师讲课时，我会再将所学知识巩固一下。当时平均各科 95 分可以当三好学生标兵，我就获得过这个荣誉。

我所学的是核物理专业，毕业时，有些同学被分到了四川绵阳的中国工程物理研究院、北京九所。核武器技术专家程开甲曾是南大教授，我们毕业前，他动员我们到原子弹试验基地工作，有的同学响应号召去了那边。在南大，我们还见过核物理学家吴健雄先生（尊称）、核物理专业“元老”施士元先生，施先生是居里夫人的学生。他们对我们也产生了很大的影响。我的大学同班同学大多数都走上了科研的道路。

师从“两弹一星”元勋，做科研不怕吃苦

新京报：毕业后为何选择考中科院的研究生？

吴岳良：我成绩好，如果选择留在南大读研，可以走免试推荐的渠道。这时又是我父亲起了关键作用。他看我身体没什么问题了，就鼓励我往首都北京考，去最好的研究单位，跟最好的老师学习。

大二时，大学老师曾经和我们讲，中国最前沿的学科就是理论物理，最好的科学家都在中科院理论物理所。1980 年，理论物理所有 4 位老师同时当选为学部委员（院士），所长是“两弹一星”元勋奖章获得者彭桓武先生。所以我毕业时选择报考理论物理所。当时考题还是相当有难度的，我每个科目分数也就是及格。

新京报：1982 年来到理论物理所后，您在什么样的机会下跟随“两弹一星”元勋周光召，攻读硕士和博士？他给您带来了什么影响？

吴岳良：理论物理所比较开放，来了之后还可以进行师生互选。我选择周老师后，他要面试我，我以为会考一些难题，还做了充足的准备，结果他一道题都没有考我。

周老师问我为什么选理论物理，有没有兴趣？他特别提到，做理论物理是要吃苦的，国际上做得好的理论物理学家，都是没有周

末的。他还要我坚持下来，要有奉献精神。这些教诲对我日后从事研究工作有着深远影响。我们从事的是最前沿的、最基本的问题研究，探索的是自然界的未知世界，所以我也是越学越有兴趣。

我记得写第一篇英语文章的时候，周老师让我们先打草稿，后来稿件被他改得“面目全非”。他幽默地和我说，科技是需要创新的，但外语不需要创新，这些句型句式要背下来。

周老师对待学生非常好，读研究生时，我们的伙食还不错，但大家都是年轻人，老师觉得我们比较瘦。有时候周末讨论结束后，他会带我们去餐馆改善伙食，他说这是他的老师彭桓武先生留下来的传统。

在科研方面，周老师也给了我很多启发。他思考问题的方式很独特，比如，对研究的一个课题进行二次讨论时，我们把上次讨论好的问题整理好给他，但他不看，而是从头开始推导。他说，重新推导可能有新的想法。他告诉我们，看文献要从最新最前沿的论文读起，遇到看不懂的，再查找其他参考文献。但看文献不能完全跟着作者的思路走，要会跳出来思考，形成自己的想法，把文章内容消化后，变为自己进一步研究的基础知识。

建议考生到大学后拓展知识面，主动学习

新京报：近些年，您一直在参与科普活动，包括到贵州的偏远山区去做科普，您希望科普给孩子们带来什么？

吴岳良：目前很多社会活动我都可以推掉，但面对中学生的科普活动，我尽量都要参加。我在国外工作了近 10 年，当时发现一个现象，就是一些研究人员在国外期间研究成果比较突出，也很高

产，回来后似乎达不到了。其中一个重要原因就是科研评价的导向和学术交流的氛围存在问题。所以我在担任理论物理所所长期间，目标之一就是希望创造一个良好的学术交流氛围。

另外，国外好多科研机构都有 outreach program，就是针对大学生和中学生的拓展项目。所以我认为应该给中学生、大学生做些科普，给他们带来一些启迪。

新京报：对于参加高考的考生，您有何期待？对他们未来读大学有何建议？

吴岳良：和我们那时候相比，现在的考生初中和高中有 6 年，他们学的知识足够多。希望他们不用太紧张，发挥出自己的水平，考出好成绩。

中学阶段，要学会如何掌握知识；大学阶段要扩展知识面，主动学习，学会应用知识；到了研究生阶段，要学会创造知识。

新京报：对于有意报考中国科学院大学的学生，您有什么想说的？

吴岳良：欢迎大家报考国科大，我们的本科生教育集中了整个科学院的优质资源力量。每个学期，本科生都可以到研究所和国家重点实验室去实习。他们可以找自己喜欢的老师，从事自己喜欢的方向。本科生一来就有学业导师，大家还有两次选专业方向的机会。

国科大基础条件好，学生的选择性大，大家能够真正找到自己感兴趣的专业和方向。

记者手记

“传承知识，还要有爱国情怀”

将来国家需要你的时候，你是否能放弃自己的研究，服从国家的需要？

吴岳良博士研究生毕业前，他的老师、“两弹一星”元勋周光召先生曾经这样向他提问。他给出的肯定答案让老师很满意，多年后，他也实现了自己的承诺。

对吴岳良院士的采访在中科院理论物理研究所进行，他的办公室贴着一张写满密密麻麻行程的“太极一号”计划时间表。时间倒转 40 年，1982 年，他放弃了免试推荐在南京大学读研的机会，奔着“学习最尖端科技”的目标，毅然决定报考中科院理论物理所。彼时，他是对这里充满仰望和憧憬的求学者，如今，他已是这里的一员，还曾于 2007—2012 年担任所长。

“记得大二时，大学老师曾经和我们讲，最具前沿性的学科就是理论物理，中国最好的理论物理学家大多聚集在这里。”回忆起往昔，吴院士仍然倍感自豪，他告诉我，1980 年，理论物理所有 4 位老师同时当选为学部委员（院士），所长是“两弹一星”元勋奖章获得者彭桓武先生。

在理论物理所读硕士、博士研究生的 5 年内，吴岳良如愿跟随最好的老师，学习最前沿的学科知识。在采访中，我深深感受到，吴院士不仅跟随老一辈科学家学习知识，也传承了他们严谨的治学态度和爱国奉献精神。

理论物理所对研究生培养的理念，是鼓励他们敢于到国际上竞争，提高国际竞争力。1987 年博士研究生毕业后，吴岳良经过李政道先生的推荐，赴德国进行博士后研究，继续从事粒子物理理论研究。

他在德国、美国从事一段时间研究后，一些中国的同行觉得美国条件不错，选择留下。有同事到了华尔街工作，工资很高，写信问他要不要去。但他 1996 年选择了回国。

我自然也问起原因，不为优渥的物质条件所动，是不是为了当初对老师的一句承诺？但在吴岳良看来，这并非一道难以抉择的选择题。他给出一个让人印象深刻的答案——“回国不需要理由，不回国才要找理由。这是周老师的老师彭桓武先生说的。”

作为中国科学院大学学术副校长，吴岳良时常和学生讲起“两弹一星”元勋求真创新的故事，启发他们的科学研究。在这里，老一辈科学家的科学精神和爱国情怀仍然在薪火相传。

新京报记者：张璐　编辑：樊一婧　校对：赵琳

陈国强：
填报志愿要听从自己内心的选择

心怀家国，不负生命所托

陈国强

“左手握着理想，右手扛着坚强”“眼中有光，胸中有志，腹中有才，心中有爱”“选择了医学，就选择了奉献，更选择了责任”，这些语句大多被学生们贴在宿舍墙上、写进笔记本里。

说这话的人，是陈国强。作为上海交通大学医学院在位时间最长的院长，他在开学或毕业典礼上的演讲，总能出现让学生们铭记的语句。

有人说，陈国强是精神激励一般的存在。学生亲切地称呼他为“强哥”，后来则称他为“强叔”。

陈国强出身“寒门”，1963 年 11 月出生于湖南攸县的一个山村，但他心中从来不“寒”。2010 年 10 月，他执掌上海交大医学院，在人生事业上渐入佳境。

他也成了“网红院长”，作为上海交通大学医学院在位时间最长的院长，陈国强大胆改革创新，比如，改善研究生待遇与“严出”、试行本科生教学“班导师”制……这一系列改革使上海交大医学院不断进入卓越之境。

多年前，国内医学院校的顶尖者是“北协和、南湘雅、东齐鲁、西华西”。后来，逐渐被上海交大医学院超越，尤其是在进入21 世纪的第二个十年后，连续数年蝉联中国最佳医学院校综合实力榜榜首。

因为改革，陈国强被称为强势的人。他接受采访时也很坦率承认：“我就是一个比较强势的人，外面的人会说，你看，二医（上海交大医学院的前身是上海第二医科大学）有强叔那位鸟人。”

其实，陈国强也是个温柔的人。他喜欢唱《心太软》；对待自己的学生，他更是呵护有加。他依然保持着“屌丝学生”的品质，比如，喜欢打扑克牌、喜欢看侦探小说、喜欢讲真话。

2020 年 2 月，一篇题为《新型冠状病毒感染疫情下的思考》的论文引发关注。陈国强在论文中指出，新冠疫情暴露出我国公共卫生防控体系、应急响应机制、科技创新、医疗供给与储备等 10 方面的问题和短板。

因为他深知，自己肩上扛着的是一份对医学的“责任”。诚如他在 2017 届学生毕业典礼上所说：“在这样一个时代，我们更需要唤醒敬畏生命、大医精诚的人文情怀；在这样一个时代，我们更需要崇尚心忧天下、忠诚担当的家国情怀……古今中外，医生都不可能成为富翁，但一定是为社会所敬仰的精英和贵族！”

如今，即便他离开行政岗，他依然是医学生，甚至医学界的宝。2021 年 3 月 16 日，陈国强卸下上海交大医学院院长一职。在当晚召开的上海交大医学院干部大会后，他的离任讲话即刻在朋友圈刷屏。

讲述

“没考上也没失落感”

新京报： 1979 年第一次参加高考时，您觉得自己能考上吗？当初你们是怎么高考的，都有什么资料？

陈国强： 1979 年其实是我第二次参加高考，我实际上参加了 3 次高考。1978 年读高一时，当时学校选了我们 4 位成绩优秀的同学参加高考，4 人都没有考上，成绩接近中专录取线。

坦率地说，我们当时小学、初中也没有学什么东西，都是“半农半读”。高中两年，对自己的成绩也没有一个清醒的认识。不像现在天天模拟考，那时候没有。当时参加高考前，我们还有一次预考，大概是在高考前的两个月时。预考结束后，我们从公社中学转到县城中学。我记得当时考了语文、数学、政治、物理、化学，不考英语，也不考生物，因为没有学过生物。那个年代的农村应该都纯粹，没有舞弊现象，我们都很自觉，监考老师监考也很严。

我们当时资料比较匮乏，就是教材和老师油印的材料。记得当初用得最多的是一些油印的时事政治资料。

新京报：考完后您是什么心情，心中的石头落地？玩得好的同学考上了没有？

陈国强：说实话，当时我没有什么压力，更没有什么焦虑感。我夫人是我高中同学，她毕业时考上了株洲冶金工业学校。当时高考是全国一套试卷，同时根据成绩报考本科、大专和中专院校。

新京报：知道落榜后是什么心情？

陈国强：当时知道自己没考上也没失落感，感觉自己还很年轻（当年 16 岁）。那时倡导“教育要革命，学制要缩短”。我那届从秋季转成春季入学，所以小学读了 5 年半，初中两年，高中也是两年。

新京报：大您 20 岁的哥哥为什么逼您复读（您哥哥当时是做什么的，现在做什么）？

陈国强：我哥哥当时是在县政府办公室工作，他跟我说“你去复读一年，高考是唯一能让你走出乡村的机会，没有其他机会”。

阴错阳差被衡阳医学院录取

新京报：复读时状态怎么样，平静还是焦虑？

陈国强：复读那一年，我们跟正常毕业的班不在一起。复读那一年我是有点儿志在必得的心理。从那时起，我开始注意学习方法和考试技巧，因为复读这一年毕竟不是学新知识，而是把过去高中两年读的知识重新再捋一遍。老师发的作业也多，开始有重点地来教我们这个班了，有点儿为了考试而学习的感觉。

我复读那年没有焦虑过，虽然有一些压力，但我们的压力不像现在，不像你们这一代人——“人与人之间‘你比我、我比你’”竞争所形成的压力。我的压力是复读了一年，一定要考上。如果考不上就对不起这一年复读。

当然，那时候我们复读也不用缴学费，就自己带够米到学校，然后一餐一角几分钱。

新京报：复读那年有没有让您印象深刻的事或人？

陈国强：我有一位同学，好像参加了7次高考，最后终于考上了大学。7年意味着，我已经硕士研究生差不多毕业了，他还在高考。我一直为他的这种执着或者说毅力、意志感动。

新京报：您印象中1980年的高考与1979年有什么不一样？

陈国强：考试科目都差不多。要说有什么不一样，就是1979年考英语不计分，1980年考英语占30%。即100分的英语试卷只计30分，如果只考了50分，那就计15分。

1980 年，陈国强院士入读衡阳医学院时的报名照。

新京报：当时考上了多少人？报考的志愿是您喜欢的警察相关专业？

陈国强：我们预考会刷掉一大半人，真正参加高考的人中，大概也就只有 4% 的同学能考上本科、大专或中专。成绩出来以后，我知道自己的分数肯定是上了本科线，还高了不少分数。没记错的话，我当时填了华东化工学院（现华东理工大学）和武汉测绘学院（现武汉大学测绘学院）等几个院校的志愿。

新京报：衡阳医学院是您自己填报的志愿，还是调剂的？当时湖南可以填报几个志愿？

陈国强：可以填几个志愿我记不清了，但可以肯定我没有填衡阳医学院。我当时选的是省会城市，衡阳不属于省会城市，所以没有填报。不过，我们当时写的都是服从调剂，然后阴错阳差被衡阳医学院录取了。

医学中还有很多未解问题

新京报：不是自己所喜欢的院校、专业，当时是什么心情？

陈国强：考上了（衡阳医学院）以后，当然还是很高兴。我是村子里第一个考上大学的，尽管当时也不知道衡阳医学院是个什么样的学校。

现在看起来，我们（衡阳医学院）当时的教育还是真不错，师生关系融洽，老师也敬业。我们衡阳医学院 80 级 300 个同学左右，出了 2 位院士，5 位医学院校的（院）校长，还有数位国家杰青或长江学者。在广州，有好几个医院院长都是我同学。所以他们叫“衡阳医学院 80 级现象”。

新京报：考入衡阳医学院后心情是否低落、迷茫过？

陈国强：因为我出生在湖南攸县的小山村里，突然到了衡阳这样一个“大”城市。我当时不会说普通话，现在普通话也还很不标准，再加上自己不善于交流，更不善于跟城市的同学交流，只知道自己还要读书，但也不清楚为什么要学医。

自己填的志愿都没有录取，被衡阳医学院录取来学医，心情还是比较低落的，也的确是比较迷茫。我最早在村子里接触的医生就是我们生产队的赤脚医生，背一个药箱到处去巡诊，对医学没有一个认识。

我总结了一下自己经历过自卑、自负和自信三个人生阶段。

新京报：那个时候是处于自卑阶段？

陈国强：是的。那时候我不了解社会，交通也不方便，考上衡阳医学院就是第一次走出攸县农村。然后到了一个人生地不熟的城市，话也不会讲，只知道读书，除了读书还是读书。当时想放松一下就是看电影，也是在学校礼堂看，一个礼拜有一场电影。

新京报：后来是什么时候听到王振义院士的演讲？

陈国强：大学二年级第一学期。应我们的老师杨永宗教授（毕业时已是校长）邀请，王振义老师 7 天给我们讲了 9 堂课。那时候也没有 PPT、幻灯片，就是用投影仪把一张张像“卡片”一样的东西——知识点写在上面——投影到墙壁上。听了王老师的演讲，感觉生命和医学当中还有这么多未解的问题，太有意思了。从此，也就对医学有了强烈的追求欲望。

新京报：那王振义院士算是您步入医学领域最重要的人？

陈国强：其实，考上衡阳医学院，我就算进入了医学领域。把我引入医学科学研究，的确是因为听了王老师的演讲。所以，后来立志要读王老师的研究生，1985 年我就报考了王老师的硕士研究生，考上了。但是，当时湖南不允许人才外流，只能委托培养。于是衡阳医学院给我生活费，大概一个月几十元，不到 100 元。一年还有 5300 元的培养费，因为是委培嘛。

对专业的选择要听从自己内心

新京报：一年一度的高考在即，您最想对学子们说什么？

陈国强：我一直说，一代人有一代人的使命，一代人有一代人的追求。无论是哪一代人，我做（上海交通大学）医学院院长时，一直跟学生们说，希望学生是有灵魂的，能够追求卓越。

一句话说就是，你们要眼中有光、胸中有志、腹中有才、心中有爱。

眼中的那束“光”，使你富有激情和梦想，炯炯有神，朝气蓬勃，令你的步履更加坚实有力；那束“光”，使你诚实面对自我，知行合一，表里如一，明辨是非，独立思考，知难而行，成为远见于未萌的明者和避危于无形的智者；那束“光”，使你拥有看不见、摸不着却不可忽视的独立人格力量，照耀自己，更以凝心聚力的吸引力和潜移默化的感染力，照耀且温暖他人。把小我融入大我，让每一束也许并不耀眼的“光”汇聚，点点滴滴；星星之光，亦可燎原——你们的光芒如海，这个社会也会阳光普照，温暖病弱。

新京报：从这次疫情来看，医学专业不仅得到了社会的广泛关注，政策也给予了倾斜。您想给医学专业打个什么样的“广告”？

陈国强：我觉得医学是最崇高的学科，因为医学面对的是生命，生命需要有人去维护。因此，从事医学工作的人，是要有温度的，敬畏弱者，敬畏生命，敬畏未来。

我希望聪明的你，高考分数优秀的你加入医学领域，真正为医学的发展和进步，为人类的长寿、有尊严地活着做出自己的贡献。高考分数高，这是学医的一个必要条件。

充分条件是，你喜欢学医，你有敬畏弱者、敬畏生命之心，同时你也充满爱心。如果光有（高考）高分，但缺乏情怀，也很难在医学之路上有成就和收获。如果想通过学医成为富翁，那请你别来。如果你想拯救生命，为大众健康服务，你应该选择医学。

新京报：从专业来说，现如今大学毕业的学生有很多人找的工作并非自己所学专业领域的。因此，关于如何选择专业，您想对学子们说什么？

陈国强：我常常跟学生们说，我们那个年代是不知道自己喜欢什么。我们是干一行爱一行，现在是爱一行干一行。

其实，不管什么领域，都有自己的乐趣。如果你有发现自己天赋的眼睛，并且努力使自己陶醉在自己所从事的专业（事业），你一定会感受到其乐趣。

在我看来，没有什么冷门热门专业，你有本事把冷门专业炒成热门，你也有能力把热门专业给炒成冷门。对专业的选择，不能仅从就业的角度，也不能从这个专业以后赚钱多少的角度考虑，而应该倾听自己的内心：我喜欢什么，做我喜欢的事有没有意志力坚持下去，在这个专业上做出点儿名堂，做出一番大事业。

人为什么要来到这个世界？除了繁衍后代，更重要的是完成一个使命，为社会留下点儿什么。

记者手记

他，被誉为国内医学界的“高富帅”

陈国强院士，被称为国内医学界的“高富帅”。

“高”，是指他作为30多年来上海交通大学医学院（上海第二医科大学）任期最长的院长（校长），并通过不断改革将上海交大医学院带入多年稳居“中国最佳医学院校综合实力排行榜”第一的巅峰，被学界所称颂。

当然，也包括他的“高朋满座”。陈国强院士本科毕业于湖南衡阳医学院（现南华大学），虽然这所本科院校在全国不算多有名，甚至在湖南也不算一流，但他1980级的同学中却有很多“牛人”。

据不完全统计，衡阳医学院1980级产生的中国科学院院士就有两名，国家“973项目”科学家、高等院校主要领导干部、省市县级医院院长近百名以及海外企业家、国内上市公司和大型连锁企业主要负责人累计几十名。比如，现任国家卫健委副主任曾益新院士、曾担任湖南中医药大学校长的廖端芳教授。

陈国强院士也是“富有”的——他有很多粉丝。从70后、80后、90后到00后，学生们对他的昵称从“强哥”变成了“强叔”。朋友圈、微博到处是“饭拍”照片、视频和妙语摘录。

陈国强院士也很帅气。2021年6月5日，他在自己的办公室接受记者采访。58岁的他西装笔挺，藏在藏青色西装下的白衬衫显得格外抢眼。他的头发向后倒梳，天庭饱满，略有些白发标记着岁月的印痕。这是他给记者留下的印象，极其干净、爽朗。

帅气的不仅有外形，还有他的内里。陈国强院士在学术论坛、毕业典礼、师生交流会等场合的肺腑之言，常常深受认同而赢得喝彩，屡屡被广泛传播。上海交大医学院的学生说，听“强叔”的演讲，总能让自己热血澎湃，充满着责任担当和家国情怀的正能量。

2021年3月和7月，陈国强院士先后卸任上海交大医学院院长和副校长职务。其实，他本可以继续担任副校长职务的，但他说他已经担任该职务两届了，“到龄该退了”。

尽管陈国强院士有着如此让人羡慕的地位、影响力，但他一点儿架子也没有。

他经常收到校内外学生和家长的邮件。无论实名还是匿名，他都力求及时回复。2019年10月，他收到一封匿名电邮，问他：“强叔，你觉得现在回归到科学本位了吗？”这个问题始于2007年有媒体专访他时他表示，再过10年、20年，应该也必须回归到科学本位，届时“谁是有准备的人，谁就会脱颖而出”。

陈国强院士回复这位匿名来信者道，2007年后确实过去12年了，他依然相信在未来8年中，应该也必须回归到科学本位。“我们与其贩卖金钱，不如贩卖希望。”

一小时后，这位匿名者又发来邮件问：“强叔，希望在哪里？”他再次回复，希望就是6个字：梦想、激情、原创。

记者最初联系陈国强院士时，一天里也有来往4封邮件。那是2020年2月23日，他作为通讯作者发表的《新型冠状病毒感染疫情下的思考》引起社会广泛关注。记者于2月24日上午11点多把邮件发出去，当天不到14点就接到了陈国强院士的回复。

他在邮件中表示了感谢，但告知“从来不接受电话采访”，而在当时也没有可能到上海去采访。所以，记者只好回邮件表达了希望有机会能够当面讨教的意向。当天近24时，记者又收到了陈院士的回邮：“欢迎疫情结束，在上海与你喝酒！国强。”

这就是陈国强院士，一位医学界的“高富帅”，但又是那么的亲切，平易近人。后来记者去上海，他真爽快答应了接受采访。采访结束后，他写下了对年轻学子的寄语——“心怀家国，不负生命所托！”

新京报记者：肖隆平　编辑：柯锐　校对：王心

梅宏：
不要纠结于大学读什么专业

志存高远
行积跬步

梅宏

梅宏，中国科学院院士、中国计算机学会理事长。1963 年 5 月生于贵州省遵义市余庆县。

高中时，因为正好赶上改革开放，全国科学大会的召开在社会上掀起一股崇尚科学的热潮。梅宏受郭沫若的《科学的春天》讲话和徐迟的《哥德巴赫猜想》报告文学等的影响，加上当时流行“学好数理化，走遍天下都不怕”，他选择了理科。两年后，“阴错阳差”考上南京航空学院（下称“南航”），他走上了计算机科学技术的研究之路。

这条路并非梅宏选择的，高考时他对计算机的了解是完全空白，只是知道无线电对未来很重要，因此高考填报的志愿大都是无线电专业。但梅宏“书读得（还是）不错”，从中学到大学，考试成绩在班上都是名列前茅。他本科毕业设计时参与开发的线切割机微机控制系统，后来得到实际应用。毕业时，他以平均 90 分以上的课程成绩获评为南航当年 600 多毕业生中的 9 位优秀毕业生之一。

1989 年 10 月，博士研究生毕业于上海交通大学的梅宏到北京大学计算机科学技术系从事博士后研究工作，出站后就留在北大任教。

此后，他作为核心骨干和技术负责人之一参加了国家重点科技攻关项目“青鸟工程”的研究开发。“八五”期间，作为项目集成组长，解决了大量关键技术问题，为这项由全国 20 多所大学、研究所和企业承担的大型科研项目顺利集成和最终完成做出了突出贡献。“九五”期间，成为项目技术负责人之一和青鸟软件生产线系统的主要设计者之一。

2011 年，48 岁的梅宏当选为中国科学院信息技术科学部院士。此后，梅宏开始走上高校的行政管理之路，先后在上海交通大学和北京理工大学担任副校长职务。2019 年 6 月，梅宏调任军事科学院副院长。

梅宏的职业发展之路虽然是“被选择”的，但他没有因为非自己所选而抱怨、放弃，而是干一行爱一行，通过坚持和刻苦走了下来。他希望更多的高考学子能够认识到，本科专业已经不那么重要，尤其是在现如今大学教育走向大众化的时代。大学是人生世界观形成的最为重要的阶段，在这个时期更重要的还是通识教育，这样才能更好铺就人生未来之路。

讲述

对科学家有一种崇敬之情

新京报：您 15 岁（1978 年）是怎么阅读到郭沫若发表的《科学的春天》和《哥德巴赫猜想》（关于陈景润的故事）的？

梅宏：那时虽然说媒体还不够发达，但对《哥德巴赫猜想》报告文学有大力宣传。我那时具体是怎么读到的记不清楚了。当时的主流媒体像《光明日报》都在宣传。

读到这些，我想有两个原因，一是自己喜欢阅读，二是“文化大革命”刚结束，虽然大家对“文革”还心有余悸，但是对新鲜事物又充满好奇，新消息传播比较快。

我父亲是知识分子，那个时候对科技有一种特别崇敬的感情。

我们那时候流行一句话，“学好数理化，走遍天下都不怕”。所以，当学校宣传陈景润的故事，我就觉得很神圣。当时还流传一本书，叫《第二次握手》——讲述了一个物理学家丁洁琼的故事。这些知识的浸染都让我对科学家有一种崇敬之情。

新京报：实际上，您是很喜欢文学的。公开资料说，您读的第一本课外书是《封神演义》，后来又读了四大名著、当时还是禁书的“三花”系列小说。

梅宏：是的。我是读完小学一年级跟随父亲从余庆县城到下面的敖溪小学读书。我父亲是受命到敖溪镇创办县里的“第二中学”，我家就住在敖溪中学里。那时条件比较艰苦，敖溪中学的很多校园设施都是师生参与共建的。我们这帮老师的孩子一到晚上没事干，有一位老师那时正好在读《水浒传》，每天晚上他就给我们讲《水浒传》的故事。这是我接触小说的开始。读三年级时，我在外婆家的阁楼上发现了《封神演义》，这激发了我的阅读兴趣。后来一有机会我就找书看，各种书都看，包括“三花”、浩然系列、四大名著等小说，也会在同学之间传阅。我们学校有一个图书室，所有的小说我都看完了。

新京报：年轻时为什么会那么喜欢看文学书籍？

梅宏：可能有几个原因，自己喜欢各种故事，阅读能力强，掌握文字的能力也还不错。还有应该是读初中时，曾看到当时流传的一个“算命”的小册子，说 5 月出生的人有文学家素质，年少之时本就自命不凡，有此佐证更觉得自己应该走文学之路，就开始大量阅读。那时候也喜欢编故事，我的语文作文都是得高分，因为我的作文不是简单为了考试。记得有一次，语文老师给我批了几个字，“有小说之味”，这也给了我很大的鼓励。我高考的语文分数也不低，

86 分，印象中在全贵州是前三名。除了语文，我（初中时）历史、地理也很不错。

新京报：您父亲是老师，他知道您喜欢看课外书的事吗？有没有不让您看？

梅宏：他知道。但我不知道他知不知道我常常在课堂上偷偷看，可能知道，但没有吭声。不过，我当时还是比较自觉，我的作业全都及时做完，而且很多知识我都提前预习，没有因为看课外书影响学业。实际上当时的课堂学业也并不重。从高中开始，我确实自己比较愿意学习，对数理化也很感兴趣。

我看课外书没有影响到数理化的学习。记得初二那年，我父亲给我们班上物理，有一次物理考试，为了防止学生作弊，他出了 A、B 两份试卷，隔列分做 A 卷或 B 卷。我是唯一一个两张卷子都完成的学生，两张卷都得了 90 多分，全班最高。

新京报：在考上大学这件事情上，是不是父亲对您影响最大？

梅宏：是的。父亲对我们要求很高，不能有坏习惯，为人要正。这让我们从小在做事、学习上养成了好习惯，奠定了很好的基础。我弟因为当年敖溪中学停招初中，只能就读小学里的"戴帽初中"，教学质量存在不少问题，父亲后来让他跳级跟我同班，同年参加高考，也同时考上大学。这与当时县里另一家人三兄弟接续考上大学一事，成了当地的佳话。

如果读文科能考上北大

新京报：您当年高考考哪些课程？

梅宏：文科是考语文、政治、数学、历史、地理和外语。理科就是语文、数学、物理、化学、政治和外语。外语我们那年是第一次列入考试科目，之前是不考外语的，所以当年外语满分是 30 分。我们初中学的是俄语，高中才开始学英语，而且是老师自学后再教给我们。我记得考了 100 分的 45 分，折合下来不到 14 分。

新京报：关于高考，有没有什么印象深刻的事？

梅宏：印象很深刻的事情有两件。一是，我们当年高考要去县城考，当时我和我弟两人乘班车自己去的，那时每天去县城只有两班车，一趟得小半天。到后住在我父母的朋友家里，他家女儿比我大几岁，我叫姐。她把她的手表借给了我，我才在考试时可以有表看时间。

另一件事是，数学考完后，我和县一中（余庆中学）的几个学生一起在考场外对答案。有一道题，我跟他们的答案都不一样，一中的数学老师说我的答案是错的，我和他们为此有了争议。后来我们学校的数学老师来了，支持了我的解答思路。后来成绩出来后还是证明我的对了。

新京报：当时高考考了多少分？您满意吗？

梅宏：我记得是 430 多分，是全县唯一一个过了 400 分的。当年高考总分是 530 分，5 门课各 100 分，加上外语 30 分。那年全省的理科“状元”在遵义四中，大概是 470 分。我的成绩在贵州省大概排 20 多名，在 30 名以内。

我差在哪？英语。我的英语没及格，只考了十几分。还有一个可能是化学，那年的化学我的分数极低，从来没那么低过，才 70 多分。后来我父亲还曾想去查分，怀疑是不是判错了卷。事实上我历来考试，事后估分差不多都是基本准确的。那次是少有的一次例外。

新京报：如果当年读文科，您认为自己能考上哪里？

梅宏：估计上北大没问题。初中文科考试，基本上没有同学能够超过我的分数。我记忆力好，历史、地理考试基本都是高分。特别是历史，怎么考都是 90 多分。唯一的一次 60 分，还是因为同学抄我的答案，连带我被判为作弊，老师给了 60 分。再加上我还有数学的优势，当时文科数学考的比理科简单。

新京报：当时您第一志愿报的是哪个学校？

梅宏：清华大学。其实，我父亲原本想让我报考浙江大学。因为抗战时浙大迁到了余庆的邻县湄潭，浙大在当地的影响比较好。我父亲是解放后和我奶奶一起从重庆巴县到的湄潭，大学毕业后才分到余庆中学任教。当时是分数出来以后再填志愿，县教育局领导认为我的分数不错，就鼓动我填报了清华大学。

新京报：但后来读的为什么是南航？

梅宏：主要还是当时我们不懂高考录取的规矩，我填报的是清华大学的无线电专业，而且不服从调剂。其实，如果报清华的其他专业估计也可能上。由于退档较晚，我第二志愿浙江大学，第三志愿成都电讯工程学院（下称“成电”，现电子科技大学），第四志愿北京航空学院（现北京航空航天大学），第五志愿四川大学，都录完了，都没名额给我了。这些学校除了浙江大学填了光学仪器专业，川大填了数学专业，其他都是无线电专业。

除了想去浙大，当时我们还是很想去成电读的。因为我爷爷是从重庆（彼时重庆还属于四川）到贵州做小生意，后来就留在了贵州湄潭。从小我们就填写籍贯是四川巴县，加上前几年的高考余庆有考上成电的，回来也宣传，这样四川和成电就成为我向往的一个地方。

因为我没有被填报的学校录取，而当时省招办争取让高分考生都有大学读，这样他们做主就给我投到了南航。感谢南航的录取，否则当年我可能就没学可上了。

1980 年，梅宏院士入读南京航空航天大学后在玄武湖的留影。

一直有一颗上进心

新京报：您当时是在什么情况下接到录取通知的？

梅宏：这就有些戏剧性了。高考完了，我母亲问我考得怎样，我说："您放心，我要考不上，全县人都考不上。"那时候我是很狂的，因为我对自己考试的成绩估分一向八九不离十。

临近发榜时，我和我弟到湄潭叔叔家玩，回家前说去买点东西。

到了百货公司我看上一个挎包，上面印着一架正在起飞的飞机图案。一问，售货员说这是某人到北京开会带回来的纪念品，在那里寄卖。我10块钱买了下来。那天还挺奇怪的，从湄潭到敖溪的班车没有了，我们就坐车到了邻镇松烟。松烟到敖溪有大约20里路，我们当时就决定走回去。到家门口时，有人说我的通知书到了，一看，是南航，实话说我当时还不知道南航这所高校。那时第一念头就是，不去读了，再复读一年。

新京报：后来怎么又去了？

梅宏：很多人劝我，包括我父亲也说，去读吧，这也是全国重点大学。当时对录取后不读有严格的规定，还需要办理很多手续，否则第二年不能再考。

新京报：后来走进南航校园是什么心情？

梅宏：走进南航后还是有点儿失落。因为前面几个志愿一个都没中，特别是像成电都没录取我。

新京报：也就是，到了南航心里还是没迈过那道“坎”？

梅宏：对。有一个适应过程。特别是当南航有老师问到我的“高度近视”情况时，我才知道录取过程中“高度近视”也是我被退档的原因之一。当然，我一直没有近视过，应该是某个环节出了问题。

到南航后，较长一段时间，我一直热衷于各类学生活动。我参加了学校大学生科协下的文学组，积极参加各种文学交流活动，后来还做了组长。我担任组长期间最值得提的事是把作家张弦（1980年，其创作的《被爱情遗忘的角落》获得全国优秀短篇小说奖）请到南航做报告。当时文学组聚集了一帮爱好者，活动多，自然耽误学习，组里有好几个同学因此退学回去复读了，有的后来又考上了自己喜爱的文科。我还担任过校团委的宣传委员，负责每周末在学校礼堂电影放映时用幻灯播放学校一周要闻。

当然，我并没有像我的某些组员那样放弃专业，完全沉迷于文学之中。在参加各类学生活动之余，我对自己的专业学习还算保持了以跟上课程进度为基本目标的精力投入。这有两个原因，一是刚进校后的第一门考试是物理，我记得就考了班里最高分，这无形中为自己立了一个标尺。另外就是贵州是航空工业基地，贵州学生毕业后基本上都是分配回去。而我不想被分配回贵州，因此，必须保持一个好的成绩。

新京报：回首往事，您如何看待自己当初进入南航学习这个“选择”？

梅宏：我这一生，自己选择的机会并不多，基本上都是被选择。这也和我的性格有关。我比较怕老师，一般老师吩咐我做的事都会去做。我很多选择就是当时听了老师的建议。

南航是我值得感恩的青春岁月，没有南航的收录就没有我的今天。在南航读书给了我保持自信、努力上进的机会和动力。如果我真的去了清华，未必能够走到今天的位置，在“人尖”扎堆的地方，我这种来自乡镇的年轻人会不会被打掉自信和前行的动力，这还真不好说。我后来在北大任教期间，遇到过很多中学时非常优秀的学生，结果到北大后发现不再“优秀”了，成绩再也难以进入前列，从而导致心态发生了很大变化，失去了上进心。我一路走来，运气不错，学习的环境也很好。因此，心态保持很好，也一直有一颗上进心。

不要纠结于大学专业

新京报：一年一度的高考在即，您最想对学子们说什么？

梅宏：我觉得年轻时天性应该放开一点儿。我们那时候没有受到太大的压力，读的课本很薄，有很多时间去玩，做自己喜欢做的事。对高考考生来讲，心态应该放宽点儿，因为只有在轻松的环境下才能更好发挥自己的水平，太紧张是考不出好成绩的。

高考完了以后，要放松自己，利用好暑假的时间调整自己的心态。因为进入大学，就是进入了人生的一个新阶段，需要换一种心态去面对。

新京报：数字经济时代是具有天然全球性竞争的时代。然而，我国的数字经济发展却面临严峻的人才短缺挑战。如果请您为此（或计算机专业）做个广告，您会说什么？

梅宏：我们正站在信息社会的“门口”，我们国家数字化转型时代的帷幕已经拉开，这个时代的一个重要驱动力就是计算机和计算机所联成的互联网。这对人类社会经济的改变将是巨大的、革命性的，将催生一种新的经济形态，这就是数字经济。

数字化转型时代的到来，带来的是一场社会经济的革命。迎接这场变革，我们需要在理念和思维方式上的改变和适应。这个过程到底会持续多久，我认为到本世纪中叶可能都是转型期。在这个转型阶段，计算机学科无疑将起到非常重要的作用。我以为，计算机依然还是一个朝阳学科，处于不断发展中的学科，未来几十年离不开计算机，离不开互联网，学习这个专业将大有可为。

新京报：从专业来说，现如今大学毕业的学生有很多人找的工作并非自己所学专业领域。您想对即将面临填报志愿的学子们说什么？

梅宏：我始终欣赏通识教育。大学是一个人的人生观、世界观形成的最为重要的阶段，在这个时期应该多学基础知识，这可能对将来的发展更好。所以，大学专业的选择不用太在意，而且以后改换专业的机会也很多。即便是我们过去那个年代，学计算机专业出来的人，很多后来也是从事了其他行业的工作。

中国的大学教育已经进入一个大众化时代。如果说我们过去的大学教育是精英教育，现在随着社会的发展，大学教育变成了一个大众化的教育。我觉得大学阶段更重要的还是通识教育，是为人生打好基础的阶段。当前，教育部也在推进相关学科改革，如新工科建设。我理解，其中的要义也在于改变过去“一专业定终身”的状况，为学生的未来发展留下更多选择的可能性。理想的情况应该是，把专业的选择更多留到大学高年级甚至研究生阶段。

记者
手记

在被选择的人生里成就科学家梦想

梅宏院士是个有故事的人。他读完小学一年级就跟随父亲，来到了离县城60多公里车程的乡镇。即使在那个当时尚未开始城镇化的时代，那个叫“区”的地方还是小得不能再小。就在这片土地上，乌江支流敖溪河边上的小镇里，梅宏与家人、同学、老师和朋友不断演绎着他的人生故事。

比如，他喜好看文学小说，在课堂上偷偷地看，哪怕是在他父亲的物理课堂上。而他父亲是位严厉、要求很高的教师。时至今日，梅宏还是不知道他的父亲是否知道儿子在他的课堂上偷偷看小说这件事。当然，这一切都是因为他很好地处理了看课外书与学业的关系。

梅宏院士也是个善于讲故事的人。尽管跟记者谈起来的都是几十年前的事情，但梅宏院士说起来就像他曾经写语文作文一样，“说得”头头是道：有时间、有地点、有人物。在接受记者采访的两个多小时里，他以故事形式介绍的内容就好几个。比如，接到南航录取通知书当天的故事，再如，他高考考完数学时跟同学们一起对题的故事。这是很多理工科出身背景人的“缺陷”，他们不知道在自己身上发生的事是可以讲述给他人听的“故事”——以传扬、鼓励更多人做好科学。

梅宏是个高考被选择的人，但他在被选择的人生里活出了自己的精彩。虽然他被要求填写的第一志愿清华大学没有录取他，连向往的浙江大学和最有资格上的成都电讯工程学院也没有录取他，反而是他当时并不熟悉，甚至还没有听说过的南京航空学院录取了他，所学的计算机专业也是在此前从未有过接触和了解的。

梅宏即便踏入了南航的校园，他也是很难过。但他没有一直消沉于高考录取的不如意，而是在自己被选择的人生之路上拼搏出了一条属于他的辉煌之路。从学士学位论文到硕士学位论文，他所研发的技术都已经应用到了现实生活中。

后来到北京大学任教时，梅宏院士更是作为核心骨干和技术负责人之一参加到国家重点科技攻关项目“青鸟工程”的研究开发中。在国家“八五”和“九五”期间，梅宏都是以技术负责人参与到相关国家科研项目中。截至2021年，梅宏院士承担了数十项国家级科研项目，两次担任国家973计划项目首席科学家。

梅宏院士也获得了很多奖项，比如，2018年，因为“云-端融合的资源反射机制及高效互操作技术”项目获得了国家技术发明一等奖。此外，还有国家自然科学二等奖、国家技术发明二等奖、国家科技进步二等奖等。

梅宏院士还是个很真实的人。说起青少年时，他显得有点儿“狂”，因为他确实很优秀，这是他“狂”的资本。但说到大学志愿时，他坦诚地谈了那段让自己心里很难过的岁月，一度躲避在他打小就喜爱的文学世界里，以“疗养”他的心伤。

虽然如今有这么高的成就，但他也觉得当年去南航就是最好的选择。

梅宏认为，“人生不如意，十有八九”，每个人都要正视这个现实，积极调整自己，才能在自己的人生舞台上绽放光彩。“兴趣是可以培养的，即便是陌生的东西，只要不排斥它，也有可能成为你专长的一部分。”

新京报记者：肖隆平　编辑：柯锐　校对：赵琳

王金南：

环境研究具有使命感

我是大山里出来的孩子，我记得家乡蓝蓝的天空，我的初心就为了能让所有的人都能享受蓝天白云和清新空气。

王金南

小山村走出大院士

王金南是从小山村里走出的院士。

他的老家在浙江中部武义县上黄村，是一个名副其实的山村，100多农户全部王姓。整个村依山而建，土坯配上石瓦，错落有致地排在山坡上，就像西藏的布达拉宫，这座小山村也就有了“江南版布达拉宫”的美称。

虽然现在成了小有名气的打卡地，当年的上黄村却是武义最偏远山村，交通闭塞、物资贫乏，出了山还是山，王金南就在这种环境下长大。

王金南的父亲是当年村里地地道道的农民，但他还有另一个角色，就是村山林管护员。据村民讲，王金南父亲最爱讲的一句话是“行正道万无一失，种新田十有九成”，“耕读传家”和爱护森林的观念，深深影响了王金南院士，使得他在艰苦的环境中，保持了良好的学习习惯，坚定了自己的人生选择。

读初中的时候，王金南就要翻山越岭到另一个山头的新塘乡去读书。高中之后，王金南从半海拔近1300米的宝山中学考入武义二中，路途更远，从家去学校，穿着草鞋，扛着柴米咸菜，要先爬几百级台阶，还要翻过一座400多米高的山，走几段山路，过了车门村，才到柳城镇，全程近20公里，要花4个多小时。

在宝山中学，王金南念的是半天读书半天劳动的学校，宿舍非常简陋，冬天漏风，有时起床时被子上都会飘一层雪。但他从不觉得苦，而是觉得自己找到了未来的方向。

当年武义有两所高中，一中在县城，二中在下面的镇子里。“我们二中当年比一中的成绩还好。”王金南回忆，那是“学好数理化，走遍天下都不怕”的年代，自己学习非常刻苦，高考时很有把握，他也成为全县两名清华生之一。后来，王金南回顾自己的求学生涯，有过这样的评价，“与大学母校相比，我依然觉得，奠定我人生成长基础的母校是武义二中，奠定我人生品质的母校是武义二中”。

1981 年，王金南进入清华大学学习。此后，扎入学海的王金南一路读到了研究生毕业。2003 年又回学校拿下了博士学位。

在读硕士研究生的时候，王金南发现，国家政策的研究与实施其实更为重要，这就依赖有效的管理手段，于是对管理学产生了浓厚兴趣，把“工程”和“管理”两种知识和思维方式结合起来。清华优秀的管理学课程给了他很多启发，这两种专业背景的结合，后来也成为王金南在环境规划与管理研究领域的独特优势。

工作后，王金南成绩越来越多，头衔也越来越多，成为生态环境部环境规划院院长，国家环境规划与政策模拟重点实验室主任，多所名校兼职教授，还担任中国农工民主党中央常委和北京市委副主委以及 10 多个学术机构职务。

2017 年，王金南被评为中国工程院院士。他谦虚地说，“获得院士称号仅仅是科技界对我所在单位和本人研究团队的一个学术和科技水平的认可，是对我本人在团队中引领性贡献的肯定。我将以此为起点，虚心向老前辈科学家学习，为生态文明和环境保护做出新的探索和努力”。

2018 年，他建议“把汾渭平原纳入国家大气污染控制重点区域”，2018 年 7 月国务院发布的《打赢蓝天保卫战三年行动计划》中，汾渭平原被列为大气治理的重点地区。2019年，他提交了制定《黄河保护法》建议和法律框架，2021年12月《黄河保护法》草案首次提请全国人大常委会会议审议。2020年他提出“十四五”要打升级版的污染防治攻坚战，2021年中共中央、国务院出台了关于深入打好污染防治攻坚战的意见。这两年，他的建议重点关注美丽中国建设和碳达峰、碳中和。

王金南先后主持完成了国家“十五”至“十四五”环境保护规划、重点流域和区域环境保护规划、《大气污染防治行动计划》《长江经济带生态环境保护规划》和《雄安新区生态环境保护规划》等40多项国家环境规划，构建了环境质量改善和污染减排工程管理体系，设计了环境保护税、排污交易、生态补偿制度，引领开展绿色GDP和生态产品总值GEP核算，出版了《环境规划学》《环境经济学》和《生态产品第四产业》等10部著作，对建立国家环境规划体系、生态文明和美丽中国研究做出了突出贡献。2021年4月30日，王金南参加了习近平总书记主持的中央政治局第29次集体学习，就新时期加强生态文明建设做了讲解。

讲述

从镇上中学考入清华

新京报： 您是1981年参加高考，当时才17岁，顺利考入清华大学，然后一路读到了博士研究生毕业。还记得当时高考的情况吗？紧不紧张？

王金南： 不太紧张，但是说一点儿不紧张也不可能。就是总体对自己有信心，对自己平时的学习情况有个基本的底数，知道最差也不会差到哪里去。

我出生在浙江省金华市武义县柳城畲族镇上黄村，那是一个离武义县城 70 多公里的小山村，海拔 1000 多米。当年全县两个考上清华大学的，我是其中之一。当时，我们县有两个高中，县一中在县城里面，我是县二中的，二中在我们县下面的一个镇上。其实，我们二中当年比一中的成绩还好。

新京报：您记得当年考了多少分吗？

王金南：已经记不太清了，只记得 470 多分，当时高考所有科目的总分跟现在是不一样的，高考一直在改革，浙江也一直是高考改革的重镇。

受父亲影响，选择了环境专业

新京报：您的老家是一个环境非常好的地方，这是您日后选择环境专业的原因吗？

王金南：我高考选择的专业是土木与环境工程系。我的老家就是青山绿水，小时候就觉得应该爱护自然生态系统。我父亲当时是农民，另一个角色是看山林的管护员。在农村，人人都有责任保护山林和林地，乱砍滥伐是不被允许的。我父亲的任务就是阻止别人来乱砍伐树木。

我也受了父亲的影响，觉得应该爱护山林树木。我们老家那种山区的农村，绿水青山真的特别漂亮，确实是金山银山，值得保护。前些年，环境变差，我们当年看到的东西，慢慢丢失掉了。我后来做的很多工作，就是为了找回它们原来的样子——蓝天、白云、绿水、青山。

寄语学子：环境专业是很崇高的事业

新京报：现在国内的生态环境越来越好，高考马上结束了，考生面临高校选择和专业选择，您是否建议考生们选择环境专业？

王金南：环境专业还是很值得学子们报考的，因为我们这个专业是研究如何保护自然生态、建设美丽中国，这是一个很崇高的事业。特别是在现代物质生活比较丰富的情况下，每个人都应有这份使命感。人类去改变环境其实很容易，但是去保护它，有时候反倒不容易。

新京报：从您的研究来看，今后环境领域有哪些研究有待突破和发展？

王金南：具体专业来说，环境治理细分领域众多，比如，自然生态保护、环境治理。现在，在大的碳达峰、碳中和背景下，催生了一个很大的专业领域，比如，怎么推进碳达峰和碳中和背景下可再生能源生产，其中就有很多的内容值得研究。

作为研究方向，它们有一个明显的特点，就是它们都是在变化当中的。过去污染严重的时候，可能侧重于污染的治理。现在正在推动碳达峰和碳中和，降碳减排和新能源的研究就会成为热点。另外，大气污染、水污染、土壤污染，这种不同要素污染之间的复合问题、综合问题，也是值得深入探讨的。

人应该学会与野生动物和谐共生

新京报: 今年“六五环境日”的主题是“人与自然和谐共生”。这些年，中国的环境改善很明显，今年也出现了很多野生动物与人类接触的新闻，比如，黑龙江出现的东北虎、青海出现的雪豹等，人类应该如何与野生动物和谐共生?

王金南: 现在，人与自然真的有一些共生的味道了。对于自然生态系统保护，过去看重的都是植被覆盖率、森林覆盖率，后者提高很快，现在已经到了23.04%，森林覆盖率首次超过23%。今年东北虎“拜访”农村，杭州动物园豹子“出走”，云南的大象离家迁徙，这些事情可能促使我们考虑，自然生态系统保护是不是需要反思?过去强调森林覆盖率、植被覆盖率，这其实是保证栖息地的面积。每一种动物都要有一定的栖息地面积，以前人类活动占了很多栖息地，现在栖息地的面积基本能保证了。但是，野生动物毕竟跟人之间要分开生活，不可能都在一起。从这个层面上来讲，它们的栖息地跟人的生产生活之间，应该有一定的生态距离，隔开骚扰。

野生动物栖息地的质量也值得关注，光有面积和距离还不行，之前破坏了原有的生态系统，原来栖息地有成套的食物链，现在只是栖息地，但是把食物链破坏了，野生动物在里面没什么吃的，也是不行的。

新京报: 野生动物的增多，也给人类生活生产造成一定损失，比如，踩踏农田、啃食作物、捕杀牲畜，您觉得怎样才能既保证当地居民的利益，又保护野生动物?

王金南: 最新的《野生动物保护法》里面有了相关规定，受保护的野生动物，造成人员伤亡、农作物或者其他财产损失的，由当地人民政府给予补偿。有关地方人民政府可以推动保险机构开展野生动物致害赔偿保险业务。我知道很多地方都有损害的赔偿机制，北京也有。现有的赔偿制度能够补偿一定的损失。当然，这只是一个赔偿的形式，也是为了保护自然生态系统而做出的一个决定。

记者手记

血液里流淌的绿水青山

在吃不饱饭的年代，藏在深山里的上黄村，只有贫穷和闭塞。

但回忆起当年的生活环境，王金南一点都不觉得苦，反而觉得那是青山绿水、非常宜居的地方。他之所以选择了环境专业，与他生长的山村环境和父亲的护林工作有点关系。

王金南旧居现在已经成了村里的一个小景点，老屋是一栋依山而建的三层土楼，二、三楼的每个窗口向外瞭望都是青山绿水。王金南在采访中说道："我们老家那种山区的农村，绿水青山真的特别漂亮，是真正的金山银山。目前，中国科学院在上黄建成了一个世界一流的大气观测站，又在建设碳卫星地面接收站，浙江大学建了一个碳汇林试验基地，一个生态文明和碳中和的研学山村即将诞生。"

其实，环境工程在20世纪80年代初还是个冷门专业。可想而知，刚刚改革开放，各地都在想着怎么能多挣一点钱，环境保护自然被搁到一边。也许是北方的沙尘让王金南怀念家乡的青山绿水，他毅然选择了当时冷门的环保专业，他深信自己在这一领域很有机会为国家多做些事情。

大学之后的岁月里，王金南一直从事环境方面的学习和研究，成为硕士研究生、成为博士研究生、成为院士，都一直不忘初心。他曾深情地说："我是大山里出来的孩子，我记得家乡蓝蓝的天空，我的初心就为了能让所有的人都能享受蓝天白云和清新空气。"

正因为对于家乡蓝天白云和绿水青山的怀念，北方的雾霾，让王金南揪心不已。

2013年1月，全国有130万平方公里受到雾霾影响，这次雾霾污染范围大、持续时间长、污染程度重，实属罕见。当时，王金南正参加北京市人民代表大会，但治霾还没有成为主流议题。会议一结束，王金南就给农工党中央主席陈竺院士写了《关于立即开展灰霾污染健康损害评估的建议》。建议得到了陈竺主席高度重视，经过一个多月的调查研究，形成了《关于积极应对区域灰霾污染的有关工作建议》，并由农工党中央于2013年2月报送给了中央领导。党中央、国务院高度重视，习近平总书记、李克强总理等做出重要批示，全国政协召开重点提案办理会，国家发改委组织专题研讨会。李克强总理在当年的《政府工作报告》提出向污染宣战，2013年9月，国家发布了《大气污染防治行动计划》，拉开了中国前所未有的治理雾霾战役。

2021年，北京的PM2.5年均浓度从2013年的90微克/立方米降至33微克/立方米，空气优良天数达到288天，占比八成，相比2013年多了将近四个月蓝天，创造了世界特大城市大气污染治理的北京奇迹。王金南认为，我国“十八大”以来生态环境保护取得历史性成就，“十三五”生态环境约束性指标圆满超额完成，主要得益于习近平生态文明思想的确立、贯彻和落实。对于未来，他也充满希望，“只要我们一步一个脚印，脚踏实地，就一定能如期完成美丽中国建设目标”。

新京报记者：李玉坤　编辑：张磊　校对：柳宝庆

魏辅文：

靠“适应”走过一波三折求学路

用努力去适应个人命运中难以捉摸的变数

魏辅文

魏辅文本来想去看看大海，结果命运让他进了高中；他想学医，又阴错阳差一头撞进生物系……命运的几次转折，让本来想要和父母一样做“光荣的人民教师”的少年，一步步攀上科学研究的更高峰。

1964年，魏辅文出生于重庆市云阳县。家中共有7个孩子，全靠做小学教师的父母，用不算宽裕的工资养活。

作为家中幼子，魏辅文被寄予厚望。小学四年级，他就被父母送到当地最好的学校，远离父母求学。

从东风小学到云阳中学，再到一步步走上学术研究的大道，魏辅文的求学生涯有过三次“微调”。第一次是中考，那是1978年，他本来想读中专，填报了河运和造船专业。结果因为考试成绩太好，被云阳中学提前调档，进了重点班，读起了高中。第二次是1980年的高考，他本想学医，却最终进了南充师范学院。本来以为会读数学系，结果读了生物系。再后来，对农作物育种相关知识感兴趣的他，研究生报考了华南某师范大学，但最终却进了中国大熊猫保护知名研究者胡锦矗门下，成为胡锦矗带的第一届研究生。

1987年硕士研究生毕业后，魏辅文进入西华师范大学珍稀动植物资源研究所工作。

1994年，魏辅文到中科院动物研究所攻读博士学位，导师是王祖望先生和冯祚建先生。1997年魏辅文获得中国科学院动物研究所博士学位，后继续留在中国科学院动物研究所工作。

20世纪90年代，动物所正处于科学院科技体制改革大潮中，老一辈的生态学家们鼓励学生用微观手段去解决宏观的科学问题，在这样的背景下，魏辅文逐渐走上了“宏观和微观相结合”的科学研究道路。

魏辅文超过一半的人生，都扑在大熊猫、小熊猫等濒危动物保护生物学研究上。他率先将种群基因组学、宏基因组学、比较基因组学等新技术引入到大熊猫研究中，阐明了大熊猫的种群历史、濒危过程及演化潜力；揭示了大熊猫在食性转换和特化历程中如何在形态、行为、生理、遗传和肠道微生物等方面产生适应性演化的规律；阐明了栖息地破碎化导致大熊猫孤立小种群崩溃的机制，推动了国家大熊猫放归和栖息地廊道建设工程的实施。

2017年，魏辅文当选为中国科学院院士，并于2018年当选为发展中国家科学院院士，2021年又当选为欧洲科学院院士。

作为保护生物学家，魏辅文目前在中科院动物研究所从事濒危动物保护生物学研究，兼任中国濒危物种科学委员会副主任。

“我这一辈子，感悟最多的，就是‘适应’二字。”研究大熊猫多年，什么原因让这个物种从千万年前延续至今？他认为是适应。“无论是我的个人经历，还是我的主要研究对象，都是因为适应，才能一步一步，走出一条路来。”

讲述

一波三折求学路

新京报：在您整个求学的过程中，家庭有着怎样的影响？

魏辅文：我父母都是小学老师，他们坚信读书的重要性，小学四年级我就离开家乡，被送到云阳县的东风小学，那是我们当地最好的学校。

后来我从东风小学考到了云阳中学，那会儿很穷。考大学的时候我读寄宿学校，最后那半年，我妈妈在县城里租了一个小房子，天天给我做饭。我妈妈算是很早的一批陪读妈妈。父亲不爱说话，但是影响也很大。我们整个家庭都有个共识，我参加高考，是一件很重要的事情。

新京报：您高中的时候成绩在班里的排名如何？

魏辅文：中等。初中的成绩一般是排在前面，上了高中以后，全县各个区上中学的人都来了，把全县最优秀的人招到这个班上。那个时候我们一班是最好的班，配的都是当时中学最优秀的老师，数学老师是北大毕业的。我们这个班上最后百分之七八十都上大学了。那会儿谈不上什么学习压力，我只有 14 岁，高中毕业的时候是 16 岁。反正就是学嘛，没什么特殊的。

新京报：还记得当年高考的分数吗？拿到成绩时是什么感觉？

魏辅文：反正比本科录取线高 30 分左右。很高兴很激动，能进哪个学校不晓得，但是肯定是考上了。我在我们班上成绩不是特别好的，也就是中游，那时一个班 50 多个人，40 多个人都上了大学。

16 岁就上大学的魏辅文，稚气未脱。

新京报： 没读到最理想的专业，当时有没有觉得遗憾？

魏辅文： 没有遗憾，能有大学上就很不错了。而且这也不是我第一次遇到奇妙的变化。1978 年恢复初高中统考时，我刚好初三，本来是想去读中专，尽快工作减轻家庭负担。结果因为成绩不错，被云阳中学（时为四川省云阳中学，现重庆市云阳高级中学）第一批次把我档案调走了。我成了重点班的学生，中专也就没得上。我记得当时我应该是报了一个河运还是造船的中专，想出海去看看。结果中专没读成，反而去读了高中。也还是高兴，既然考上了，就认认真真去读。

路灯下苦读的大学时代

新京报： 上大学时您才 16 岁，进大学之后的感觉如何？

魏辅文： 我那会儿还是小孩子一个，啥也不懂。到了大学之后，就跑到南充的嘉陵江大桥下拍了一张照片，心情很激动。我进大学的时候，我父亲就去世了。他们都不告诉我，等放假的时候才告诉我，家里面怕影响我学习。我爸爸去世的时候叮嘱哥哥姐姐，说你们要把辅文供出来。

新京报：上大学之后最大的变化是什么？

魏辅文：肉眼可见的是长高了。进大学之前我身高一米五五，上大学长了 10 厘米。进大学之前吃不好，到大学了每天早上要吃两个馒头。我的 6 个哥哥姐姐中，除了条件比较差的之外，有 4 个每月给我 5 元钱，我每个月就能有 20 元钱，再加上国家给的 21 元钱的饭票、32 斤粮票，我算是比较富裕了。因为读的是师范，全是免费。是国家把我们供出来的，从现在来讲，真的是应该想方设法尽自己的努力去报答国家，报答我们的父母和亲人的养育之恩。

新京报：大学时印象最深刻的事情是什么？

魏辅文：是学习。我对 1984 年的春晚印象特别深刻，那是我考研究生那一年。唯一就是春晚那天休息了，其他时候都在刻苦努力地学习。我上大学的时候，寝室 10 点关灯，我和同学们就到路灯下学。这是真实的，全是自愿学习。图书馆下面有一个很大的大厅，我们在那里占位子，用黄书包放在凳子上。后面来的人才不管你，来了之后直接就把你的包甩一边儿去。那会儿没有其他想法，就是觉得要学好，立志要考研究生，还要继续上进。

新京报：进大学后就确定了动物作为研究目标吗？

魏辅文：也不是，当时我对育苗相关的遗传学特别感兴趣，因为那会儿育种、粮食生产这些特别特别重要。我从大学一年级就开始看遗传学的书，然后我就报考了华南某大学的研究生，最后又没

大学本科期间实验中的魏辅文。

有招我。当时胡锦矗老师刚好在招第一年的研究生，就把我招来了，搞野生动物去了。所以说，兴趣是重要的，但是也得随着环境的改变去适应。我经常说，我们要向大熊猫学习。熊猫为什么没被淘汰，就是它善于改变自己。人生过程之中，必须根据环境的变化调整你的策略，改变自己去适应环境。只有通过不断的努力才能改变。人生不是规划出来的，完全是随着环境变化。

新京报：您后来投身大熊猫研究，有没有觉得做野生动物研究很辛苦？

魏辅文：那时候天天早出晚归，不管下雪还是下雨，我们都要钻林子，去追踪熊猫，找粪便、做样方、观察熊猫的行为等。我的导师胡锦矗先生对我影响还是比较大的。他那会儿五六十岁，也是天天在林子里面跑，带着我们到处转，到处搞研究。人家老头子都可以干，我们有什么不能干的呢？另外，我那时开始觉得做科学研究很有意思。1978 年竹子开花，是我们这一代人印象中的大事。为什么竹子会开花，会怎么影响大熊猫的生活，我们该如何保护它们？我很想把这些问题搞清楚。

改变自己，适应环境

新京报：现在有些年轻人说“躺平”，您怎么看？

魏辅文：我的命运一直都在发生很多变化，光是从求学经历来看，我就经历了3次“身不由己”的调整，我最大的体会是，你必须去适应这个环境。抱怨永远没法前进，你只能颓废下去。从生命科学的角度看，生命的进化就是不断适应环境。比如，从四川到北京，肯定很多时候不熟悉，肯定要适应环境，融入这个环境，那该怎么做呢？就是改变自己，不能让环境来适应你，你必须适应当地的环境、当地的文化。人生的启迪，就是适应整个环境的变化。如果“躺平”等于放弃努力，不努力，怎么能适应呢？

新京报：距离您经历的高考已经过去了40年，您觉得现在高考还重要吗？

魏辅文：高考肯定重要，这是一个很重要的平台。没有改革开放，没有高考的话，我就只能待在家里种地了。高考肯定是非常重要的，这是选拔人才的一个很重要的方式，不管怎么样，这是一个相对更加公平的平台。

新京报：我们一直都说“读书改变命运”，您心中的“改变命运”，到底是怎么改变的？

魏辅文：就是必须读书，非常简单的读书、掌握知识，一个人不学习，没有知识，没有文化，那不行。我的环境里，大家都在学习，有一种朴素的求知的渴望。至于未来做什么，真还没有那么远大的理想。

新京报：和您当年高考相比，您对现在的高考有什么不一样的感受？

魏辅文：我考试的时候，心里面没有什么紧张的感觉，读书就是读书，就是最后那一个月冲刺阶段，感觉到很紧张。我的大女儿在 2006 年参加了高考，她考试的时候，我比当年自己高考还紧张。第一天我上午送她去考试，中午骑着自行车把她接回来的时候，把准考证那些材料全扔到前面的车筐里。结果为了赶快回去吃饭让她休息一会儿，把准考证忘了。下午准备送她去参考的时候，一看准考证不在了，着急惨了。冲下来一看，准考证幸好还在。如果丢了，是否会影响一辈子不好说，但至少影响她那一年上大学。

新京报：您有什么想对高考学子说的？

魏辅文：我觉得高考是影响人生最重要的一个事情，年轻的学子们，要抓住这个时机，拿出最好的成绩。如果能够进入大学的殿堂，不管未来做什么，都会对人生有重要的价值。

记者手记

“用努力去适应个人命运中难以捉摸的变数”

采访魏辅文先生并不容易。此前，记者见过他两次，都是在与大熊猫有关的专业会议上。他不太爱笑，举止收敛，很是低调。当他的老师胡锦矗先生出现的时候，他会立刻三步并作两步，上前搀扶。

除了会议主办方组织的群访，魏辅文几乎不接受单独采访。一方面是工作忙碌，另一方面他不太愿意为工作之外的事情耗费时间精力。为了联系本次采访，我数次致电或者发微信，都未能让他松口，最后，我找了“说得上话”的中间人，才让老先生答应和我聊一聊。“周五下午 3 点，你来动物所。”短信言简意赅，再没多一句的废话。

但一旦真的开聊，他又是极坦荡平易的人。

他回忆自己的小学，提起废弃庙宇中的开阔广场，念念不忘广场两边满满的柏树。又提起自己刚进大学 16 岁，特别喜欢拍照，翻出许多旧日照片给我看，手指一张一张点过去。

照片很多，基本都塞在书柜最下面一格，老人蹲下去一本一本抽出来。“这一本，这是我妈妈，你看，很慈祥的老太太啊。”“这个是我刚考上大学，立刻去拍了一张。你看我那会儿，好清纯。”

一张稚嫩的少年脸，逐渐长出棱角，小小身影以南充师范学院为起点，踏出自己科研生命的第一步。往后的数十年，他曾小腿裹着防蚂蟥的绑带，穿梭于密林之间追踪“竹林隐士”的身影，也曾穿着白大褂，在实验室中细细搜索微观世界里大熊猫种群的秘密。

他轻描淡写略过这条路上的辛苦，但始终强调用努力去适应个人命运中难以捉摸的变数。这样的人生经验看起来像是老人无聊的说教，但回头看他被轻轻拨动数次的人生，以及在这些变化中他的奋斗，才会明白，老先生给出的金玉良言，都是切身体会。

从16岁到58岁，32年的学习和研究生涯，他提起高中被提前调档略有得意，谈及研究生“没被选上”又有些羞赧。但当他谈及自己的求学过程和科研思路，本来舒展放松的眉目，立刻又严肃起来。那一刻我意识到，眼前这个笑眯眯和记者“摆龙门阵”的先生，是中国大熊猫研究领域里的巨擘。

现在，先生58岁，仍轻快如少年。

新京报记者：杨雪　实习生：雷欣谣　编辑：袁国礼　校对：薛京宁

周向宇：

通往数学家之路，不因高考失利中断

志存高远

奋发有为

周向宇

“搞研究一定要‘坐得住’。”这是周向宇经常挂在嘴边的一句话。

16岁考入湘潭大学数学系；1985年，从湘潭大学数学系本科毕业后，周向宇到中国科学院数学研究所攻读硕士、博士研究生，博士毕业后留所工作……30多年来，他从未离开过数学领域，用他的话说“一直在勇攀科学的高峰”，而这也是他读初中时便定下的目标。

周向宇研究领域为基础数学中的多复变和复几何。1997年，经历多年在俄罗斯科学院斯捷克洛夫（Steklov）数学所做访问学者之后，他解决了“扩充未来光管猜想”这一当时无人能解的问题，该工作亦被写入史料性著作《二十世纪的数学大事》《数学的发展：1950—2000》。1998年，他获得斯捷克洛夫数学研究所俄国国家科学博士学位。

2003年2月至2012年6月，周向宇担任中国科学院数学研究所所长；2013年12月，当选中国科学院院士；2018年2月，当选发展中国家科学院院士。获国家自然科学二等奖、陈省身数学奖、全国杰出专业技术人才称号……数十年来，周向宇在基础数学领域中深耕不辍，可谓硕果累累。

“一个人有真才实学才是最重要的。”在采访中，周向宇多次提到，从小就养成的“独立思考”“自主思考”习惯，让他在做研究中能够从容应对。

“我从小就喜欢自己思考问题，即使正确答案就摆在旁边，我也不看，要用自己的方法去解题。有时候对答案，还会发现我的解法、思路更好。”言语中，能感受到周向宇作为一名科学家的严谨与踏实，对数学的痴迷，对做学问的执着。

作为中国科学院大学博士生导师，在和学生讨论时，周向宇总是很严格甚至有些严厉。“如果我带的学生哪一步说错了或者哪个问题说得不对，我会毫不留情地指出来。”对他而言，倦怠与糊弄是绝对无法容忍的。

生活中的他则亲切而随和，在数学研究之外，还喜欢国学、历史，他的笔下可不只有数学公式，办公室里随处摞着的宣纸上，满是他练字的痕迹。

提到高考，周向宇感触颇多。“我高考失利过，但我还是坐在了这里，而正是这一次高考让我意识到，什么困难都不能把我打败，也正是那一次次困难让我在如今的数学研究中如鱼得水。”

在周向宇看来，高考虽然重要，但并非人生的终点与全部，有明确的目标并愿为之付出努力才能获得长远的发展，而挫折恰恰能够激发一个人的潜力。

讲述

初中时被科学家的故事吸引，立志研究数学

新京报：和现在的孩子相比，您小时候的求学经历有什么不一样？

周向宇：我小时候比较贪玩，读小学高年级以后才开始安安静静地学习。为什么有这样的转变？我想有几个方面的影响。

20 世纪 70 年代社会倡导看《毛泽东选集》，我五年级时就读完了“毛选”，我读了其中的每一篇，还写了心得体会。“毛选”给我的重要影响比如有“战略上藐视困难，战术上重视困难”，即不要害怕困难，心中要有目标，重视如何克服困难，这对我是有促进作用的。去年我们小学同学聚会，大家还提到，当时班主任老师拿我的心得体会当作范文给全班念，表扬我写得不错。（笑）

新京报：什么契机让您定下了钻研数学这一目标？

周向宇：1977 年恢复高考时，我正读初中，全国都在宣传中国科学院数学研究所（简称“数学所”）的华罗庚先生、陈景润先生等科学家，鼓励我们勇攀科学的高峰。我记得当时一份报纸上整版刊发了一篇关于陈景润先生挑战“哥德巴赫猜想”的报告文学，我认认真真看完了那篇文章。后来，湖南省郴州市第一次举行全市的数学比赛，我作为初中组的学生参加比赛，很荣幸获得第一名。因为是第一次举办比赛，市里很重视，市中心、十字路口，到处都张贴着光荣榜，给了我极大的鼓励。那时，我就有了明确的规划，报考知名大学的数学系，到中科院数学所读研究生、做数学研究。

新京报：您学好数学的秘诀是什么？

周向宇：我父亲是高中数学老师，家里数学书也多一些，我就经常看，慢慢对数学产生了兴趣。和现在不一样，我们那时的初中、高中都是两年学制。因为热爱，我在数学科目上花的时间比较多，初中时就把高中阶段的数学都学了。

那时的父母和现在的父母也不一样，虽然他们也很重视孩子的学习，但并不焦虑。我学习非常主动，目标很明确。印象很深的是，当时我常常排队帮家里买东西，排队时都在思考那道数学题该怎么做。平时我也不太爱玩，只是一心学习，母亲还劝我去看电影调剂一下。

新京报：作为数学老师的父亲对您有什么教导和影响？

周向宇：我从小便养成了独立思考的习惯。遇到问题通常是自己琢磨、思考，也时常自己提一些问题来钻研。我父亲是数学老师，还是省特级教师，我做完的题会给他批改。他对我的要求很严格，总能从我的作业中找到表述不够严谨、书写不规范的地方。不过，每次他改了以后，我也觉得很有道理，知道自己今后应该更注意哪些方面。

新京报：除学习之外，还有哪些儿时的经历对您的成长有影响？

周向宇：我母亲是医生，我们住的是母亲单位的房子，因为工作原因，她有时需要值夜班，所以早饭都是我来负责，还要照顾比我小三岁的弟弟。我记得那时是集体用水，还记得冬天时，我用扁担去锅炉房挑两桶热水回来。

我也很重视锻炼，从读中学开始，每天早晨上学前先跑步，跑半小时左右。锻炼的习惯也是受到了“毛选”的影响，因为大家都经历过艰苦的斗争环境，对身体的要求很高，而且我也认识到，好的学习也需要好的身体。这种习惯一直保持到读大学、读研究生。现在退化了，晚上就只散步了（笑）。

“不能因为高考就把自己的一生都圈住了”

新京报：当年参加高考有什么难忘的经历？

周向宇：我读的大学是当时的综合性全国重点大学，不是当年的知名高校。因为各种原因，我的高考没有那么成功。我还记得看到高考成绩后，我的两条腿都软了，比预想的低了几十分。我在高考中发挥失常，错的那道数学题是我会做的，但不明白什么原因就是犯了平时不会犯的错，这道题我记了40年，永远都不会忘掉。

但我还是很快从失落中走了出来，因为我的最终目标是学数学，进入湘潭大学数学系后，我还有机会通过考研进中科院。我的路没有因为高考而中断，我反而觉得，这段经历锻炼了我，从此以后没有什么挫折能够把我打倒。

新京报：您怎么看高考改变命运这一说法？

周向宇：从我的个人经历来讲，不能因为高考就把自己的一生都圈住了，高考失利不但没有击垮我，还鼓励了我。我觉得不应该使年轻人把压力集中在高考上。

学习要“坐得住”，还要有目标，我比较幸运，在初中就已经确定了目标。但现在的学生在中学时期可能因为高考的原因，不太有机会去想人生应该怎么安排。建议同学们到了大学之后，一定得先找准目标，奔着这个目标努力，真正做到有真才实学。

新京报：16岁就离家上大学，有遇到什么困难吗？

周向宇：我从小就爱做家务，自理能力不错，没有觉得离开家出去读书有什么困难。那时候上大学，被褥、行李都得从家里带过去，我的行李先邮寄到了学校，我提着箱子坐火车过去。那时从郴州到湘潭，得坐十几小时的绿皮火车，不像现在有高铁那么便捷。上大学时，我印象最深的就是有时挤不上火车，得从窗户里爬进去，而且经常一站就是十几小时。

周向宇与母亲在湘潭大学合影。

人生的发展就如同一场马拉松

新京报： 当时大学的学习环境和氛围是怎样的？

周向宇： 高校的条件也没有现在这么好。那时候我们开玩笑说自己上的是“五无大学”——没有电灯、没有自来水，连教学楼、宿舍和图书馆都没有。湘潭大学在恢复高考后是边招生边建设，一开始校舍都是租的平房，学生也很少，等到我那一届才有了宿舍和图书馆。我记得当时没有自来水，食堂用井水做饭，下雨时就会吃到黄泥水做的米饭。

但即便条件这么艰苦，也没人抱怨，大家觉得只要能学好就行。我们都很珍惜学习的机会，尤其是从农村考到城市里来读大学的同学。湘潭大学的校风很好，湘潭是毛主席的家乡，毛主席特别为这所学校题写了校名，而且嘱托“一定要把湘潭大学办好”，所以有很多杰出的年轻人是怀着对毛主席的崇敬心情来工作的。课程设置方面规格也很高，全国名牌大学要求什么，我们学校也要求什么。湘潭大学数学系（现名数学与计算科学学院）出了两位中科院院士，这在全国来讲都是不多见的。

新京报：哪位大学老师给您留下的印象最深刻？

周向宇：读大学时，能感受到老师们对学生很重视，像我们的班主任老师梁国鼎，当时他才30多岁，精力充沛，经常到学生宿舍和我们一起下象棋，有时还和我们这些小伙子掰手腕，师生关系非常融洽。

所有人都冲着把学校办好的目标努力，大家都有一个明确的共识，那就是不利于团结的话不说、不利于团结的事不做。这很了不起，对于学生来说太重要了，同学们之间没有攀比，而是互相激励。

新京报：您在研究生阶段师从陆启铿院士，据说他对学生很严格，一般不会表扬自己的学生，当时为什么还要“迎难而上”？

周向宇：华罗庚先生回国以后，陆先生是他的亲传弟子。我考上中科院的研究生后面临选导师，因为小时候受到了“勇攀科学高峰”的熏陶，我就问哪个老师做的方向是最难的（笑）？当然，也是因为对复变函数有兴趣，陆先生做的就是多元复变函数，是非常前沿的研究领域，所以我毫不犹豫地选了他。

我坚定地选陆启铿先生时，有位老教授说：“哎哟，你跟陆先生能学到东西，但是很难得到他的push（推荐）啊。”我当时也没多想，觉得应以学东西为主。但实际上，我还是得到了陆先生的表扬，他公开赞赏过我的工作。

记者手记

在他的人生经历中，我领悟到了一名学者的通透

4月13日下午3点29分，我和摄影记者李木易准时敲响了周向宇院士的办公室门。

“请进。”打开门的瞬间，我被一屋子像小山一样的书籍和文献资料震撼了。

怎么形容好呢？书架自不必提，因为已经被书籍塞得满满当当。书架外，一摞摞成套的书籍、期刊和打印材料、厚厚的典籍从写字台上一路“绵延”到地面的墙边、沙发的周围。书桌上，书堆得老高，我踮起了脚尖才看到电脑前坐着的周向宇院士，他的身旁是写着密密麻麻公式的草稿纸。

听到有人进来，周院士赶忙从书堆里走出来。刚见到我俩时，他的眼中闪过一丝不知所措，显然还沉浸在之前的工作中，待我表明身份后，他才恍然大悟。

在摄影记者给他拍照时，我得空仔细端详这拥挤却又充满书卷气的办公室。除了书之外，在一侧墙上，有长约3米的黑板，上面写满了数学公式。周院士说，这都是学生写的，他经常在这面黑板前考查学生的学习情况。

周院士说，他愿意接受这次采访，聊聊自己求学的往事，就是希望通过自己的经历，鼓励当下的青年人，要有目标，要懂得如何追求目标，不止于高考，万一没考上心仪的大学也不必灰心，来日再争取机会。

没有拘泥于考学的往事，我们还聊到了他曾经前往俄罗斯科学院斯捷克洛夫数学研究所访问的经历。

1990年，周向宇决定远赴俄罗斯（苏联）时，正值我国改革

开放、百废待兴的发展时期，而苏联正逢戈尔巴乔夫政治生涯的晚期，当地社会一片动荡。“当时有些研究生同学觉得，哎哟，我是不是疯了！为什么不去待遇好的地方挣点儿钱？”

提到那个年代，周向宇陷入了回忆。远赴他乡，他更看重的是物质之外的东西。斯捷克洛夫研究所的学术研究环境好，是国际上很有声望的数学中心，会集了国际上最有名的数学家。“那里的图书馆有个惯例，就是哪位杰出的数学家过生日，就把他的工作罗列起来展示，那是种很激励人心的氛围，我觉得我这么年轻，应该做些什么。”

周向宇在国外访学的生活很简单，几乎是两点一线。每周抽出一两天，到莫斯科大学的数学讨论班，和数学家们切磋。也就是这样潜心钻研数学的生活，让他解决了“扩充未来光管猜想”这一当时无人能解的问题，拿到了俄罗斯科学院莫斯科斯捷克洛夫数学研究所俄国国家科学博士学位。聊到这里，他流露出自豪的神情，甚至像一个刚拿到学位的青年人。

他告诉我，20 世纪 50 年代是苏联数学研究的高峰期，“扩充未来光管猜想”这一关于多元复变函数的问题就是那时由斯捷克洛夫数学所两位所长在研究量子场论时提出的，自己去的时候，当地数学所并未想过能把这个问题解出来。

没想到，当时还不到 32 岁的周向宇以独辟蹊径的方式并融合华先生的著名工作解决了这一问题，得到了学界的认可。他记得，当时和一位俄国同行学者走在走廊里，碰到了在国际上名望很高的专家——弗拉基米尔·阿诺德。当这位傲气的数学家从同行口中得知，面前这位年轻的中国人就是解决“扩充未来光管猜想”的学者之后，特意上前俯身握手以表敬佩之情。

在数学之外，周向宇还关注青少年的数学科普和公益活动。我问他，当走进中小学学校时，大家会不会因为请来了院士而反应热烈，他转过话头：“不能光看是不是院士头衔，而要看是不是有真才实学，对自己有没有帮助。”

采访中，跟随着他的讲述，我也逐渐陷入思考的“宁静”。采访结束，走出数学院大楼时，才恍然发现已是傍晚6点多。正值下班时间，随着人流步入熙熙攘攘的街头，顿觉此前那几小时仿若误入桃源山林之中，沉醉不知归路。于是，我拿起手机写下了这篇文章的开头。

新京报记者：刘洋　编辑：缪晨霞　校对：张彦君

朱敏：

做错一道考题，冷门专业倒成了一生的兴趣

平常心对待高考，
终能找到自己人
生发展的方向。

朱敏

今年 57 岁的朱敏，已经和古生物学结缘 42 年了。

朱敏一直在追溯脊椎动物的上岸历史，发现过“世界级”古鱼类化石，找到了古生物界苦寻一个世纪的志留纪化石群，让云南曲靖失落的“古鱼王国”得以重见天日，用大量无可争议的化石证据证明，曲靖是 4 亿年前人类远祖的发祥地。

1980 年，恢复高考的第 4 年，不满 15 周岁的朱敏参加了高考。那时的他，在“科学的春天”里努力学着数理化，受数学家陈景润事迹的启发一心想当个数学家。

因为高考时做错了一道数学题，他和向往的数学系失之交臂，误打误撞学了古生物学。之后一路深造，获得博士学位后，留在中国科学院古脊椎动物与古人类研究所工作，近 10 年间出任两届所长。现任中科院脊椎动物演化与人类起源重点实验室主任、研究员，中国科学院大学教授。

朱敏对中国古生代鱼类各大主要门类都做了深入研究，在云南曲靖“古鱼王国”里埋头深耕。他率领团队在云南曲靖麒麟区潇湘水库附近的志留纪地层中找到了大量保存精美的鱼化石，这是世界上独一无二完整保存了志留纪有颌脊椎动物化石的潇湘动物群。

朱敏的研究成果陆续发表在《自然》《科学》等世界顶级刊物上。2009 年，朱敏在《自然》杂志上发表了他的成果——梦幻鬼鱼。它有着鲨鱼的棘刺、青鱼的脸颊、肺鱼的脑袋，是迄今世界上最古老、保存最完整的有颌类化石。而有颌类是 99.8% 的现生脊椎动物的祖先，也是人类的“远祖”。

4年后，他又在《自然》杂志上发表了关于发现“初始全颌鱼”的成果，被誉为“过去百年最重要的化石发现之一”。国际古脊椎动物协会副主席约翰·朗教授撰文称：“对古生物学家来说，找到这条鱼就像物理学家找到了希格斯玻色子（上帝粒子），它极大地冲击了我们对早期脊椎动物演化的理解……这可以说是自始祖鸟以来，最激动人心的化石发现之一。”

潇湘动物群古鱼类的物种多样性完全超出朱敏的想象。在这个“古鱼王国”里，仅已经发现的化石就可能代表了二三十种全新的鱼类，它们属于一些从未进入过科学界视野的全新类群。这一系列志留纪鱼化石群的发现，足以证明“曲靖是4亿年前人类远祖的发祥地”。

朱敏说，他对古生物学的兴趣是在学习中一点一滴积累的。在这个过程中，不断认识未知是一件令他感到快乐的事。“对科学家而言，如果你的发现和观察，能够给人类的知识体系留下一笔，我觉得这辈子就没白过。”

讲述

受《哥德巴赫猜想》影响，想做数学家

新京报： 您小时候的求学经历是怎样的？

朱敏： 1965年，我出生在苏州吴中区。我父亲是中学教师，母亲是医生。我小的时候他们工作忙，所以我是由外公外婆带大的。上小学后我搬到爷爷奶奶家住，中学时又随父母搬到了句容市。我5岁上小学，比同学年龄小，上课坐在第一排，但学习比较认真，

中学时也算是班里成绩拔尖儿的。

新京报：当时的学习环境什么样？

朱敏：上中学时，因为我是教工子弟，家就在学校里，所以学习和生活条件比其他同学更好些。大多数同学是从乡镇考来的，从家里赶很远的路到学校，住在几十个人一间的集体宿舍里。1978 年，全国科学大会在北京召开，郭沫若在闭幕式上发表了题为《科学的春天》的演讲，因此这场盛会也被称作“科学的春天”。受“科学的春天”的影响，当时老师都鼓励学生“学好数理化，走遍天下都不怕”。我和同学们的目标也都很单纯，就是努力读书考大学。

新京报：关于高考，您有什么印象？

朱敏：我当时小学是五年制，初中和高中则各两年。1980 年，我参加高考，当时我还不满 15 周岁。而 1977 年高考才恢复，所以我参加的这届高考竞争挺激烈的，还有一些“老三届”考生。但我平时学习挺好的，所以对考上大学还算是有点儿把握。

我年龄小，当时性格也不沉稳，把我最擅长的科目数学给考砸了。我看错了一道 20 分左右大题的题干，以为是题出错了，花费了大量时间验证，结果耽误了后面做题的时间。数学满分 120 分，本来我是有能力考满分的，结果才考了 80 多分。

新京报：当时您想学的专业是什么？

朱敏：1978 年，徐迟发表了报告文学作品《哥德巴赫猜想》，讲的是数学家陈景润的故事。他证明了“陈氏定理”，对哥德巴赫猜想的证明做出了巨大贡献。上中学时，数学老师就在课上给我们朗诵《哥德巴赫猜想》。当时我数学成绩也很好，因此就想在大学选择数学专业，成为一名数学家。很多同学都有类似的想法，《哥德巴赫猜想》影响了我们这一代人。

一头扎进古生物学，每天早上 5 点起床跑操

新京报：您最终考上了哪所大学？学了什么专业？

朱敏：数学考砸了，我知道报考数学系基本没戏了，因为那时候专业录取是要看单科成绩的。我的第一志愿是南京大学数学系，并勾选了服从调剂，最终被调剂到了南京大学地质系古生物地层专业。

我当时对古生物没什么概念，高中老师说这是个冷门专业，我寻思有个大学上就挺好的，压根没想过换专业。我对古生物学的兴趣，也是在进入大学后，在专业学习中培养起来的。

新京报：您的大学生活是什么样的？

朱敏：我性格贪玩，有时候上课还在下面和同学打闹，就被老师拎上讲台去做题。但是我学习也挺认真的，喜欢泡在图书馆里看书。地质系的学生常常要在野外作业，身体素质很重要，每天早上 5 点钟，我们班的同学就被叫起来去操场练长跑，我体育科目不太好，但也跟着坚持下来了。

新京报：您毕业后做了什么？

朱敏：我们专业一共 20 个学生，学习氛围很好，深造比例很高。毕业那年，12 位选择读研，其他人选择国家分配工作。我毕业后继续在本专业深造，先是去了中国地质科学院研究生部读研，硕士研究生毕业后到中科院古脊椎动物与古人类所读博，师从周明镇院士和张弥曼院士，成为我们所里自己培养的第一个博士研究生。我很幸运，我跟随的老师们都很优秀，所以我的科研之路也比较顺。

1984 年 6 月，南京大学地质系 80 级同学毕业留影。

古生物学不冷门，野外作业充满乐趣

新京报： 上一次古生物学在网上引起广泛关注，是因为北大元培学院古生物学本科毕业照只有一人。在公众印象里，古生物学是一个冷门专业。您怎么看？

朱敏： 那条新闻报道的是北大元培学院古生物学本科生的毕业照，实际上，在北大别的系里，也有古生物学方向的本科生，古生物学没有公众想象得那么冷门。

我觉得，大众对古生物学存在一些误解。实际上，这个学科的发展越来越交叉融合，会涉及生物学、地质学、数学、地球科学、生命科学等多个学科的知识和方法。

我上中学的时候，从未听说过与古生物学相关的化石和古树等概念，那时候可以说是真的冷门。现在的孩子多多少少从书里、电视上以及博物馆里听过或看到过化石，再加上还有一群古生物学爱好者在做科普，所以古生物学谈不上冷门。

新京报：这些年古生物学的发展有哪些变化？

朱敏：从我上学时到现在，古生物学发生了很大的变化。过去古生物学是服务于地质勘探工作的，现在更偏向于对生物学的认识。现在古生物学越来越重视学科的交叉与融合，在研究中广泛应用数学和统计的方法。

在野外研究方面，现在的条件也很好，白天开车出去挖掘，一般晚上就回来了，基本也不需要扎帐篷住在野外。对很多同行来说，野外作业充满了乐趣，这是和大自然接触的好机会。

新京报：对于想学古生物学的学生，您有哪些建议？

朱敏：兴趣是最好的老师。现在我们培养学生，首先要培养他们对专业的兴趣，引导他们找到自己喜欢的方向。如果他们能做自己喜欢的事情，即便每天工作时间很长，也不会感到辛苦。但是如果他们每天都只是为了完成老师交代的任务，那就很痛苦。

古生物学其实是地球科学和生命科学的一个交叉学科，这两种学科的知识都是必不可少的。比起专业知识，对学生来说更重要的是培养批判性思维，要学会去提问、查找文献和解决问题。

新京报：有什么想对现在的高考生说的？

朱敏：应试教育虽然残酷，但高考是一次公平的选拔，它可能改变你的命运。在选择专业时不必担忧，可以多尝试，找到最适合自己的领域。

兴趣是最好的老师，扎进去了以后自然就产生兴趣了，各行各业都是这样的。三百六十行，行行出状元。

记者手记

干一行爱一行，我在朱敏院士身上看到了热情和专注

对朱敏的采访是在他的办公室里进行的。

在他中科院古脊椎动物与古人类研究所的办公室里，有五排大书架，上面摆满了各种化石标本和资料，像是一个小型博物馆。我还是第一次见到这么多古生物化石，惊讶地问他："你们平常科研工作中会用到这么多化石吗？""当然了，挖掘化石、修复化石、标本制作这些都是我们的工作。"朱敏笑着说。

近两年受新冠疫情影响，古生物学的野外考察工作也遇到了一些阻碍。"你看你一打电话来，就在北京抓到我们了。前些年，一年中大部分时间我们都在外地野外考察呢。"幸好在此之前，朱敏的团队有一定的化石储备，疫情期间，他将主要精力放在了实验室里那些已挖掘出来的化石研究上。

聊到高考，朱敏感慨："距离我高考已经40多年了，我和你都是两代人啦。不过关于高考的故事，我永远都不会忘的。"

高考对于朱敏来说，算是阴错阳差。他当不成像陈景润一样的数学家，却成了一位知名的古生物学家。没学成数学，他也并不觉得遗憾，因为数学从来没有真正离开过他，对于自然科学来说，数学培养了研究者的逻辑思维，同时也是一种重要的工具。朱敏的儿子去美国上大学时犹豫学什么专业，他建议儿子选择数学，"当你不知道学什么时，就去学数学，数学是很多学科的基础"。

说起来，我和古生物学也算有点儿渊源。小时候，我也有过做地质学家、考古学家的梦想，还写到了作文里。高考后，我学了中文，现在从事新闻行业做了一名记者。但我依然保留着年少时的好奇，大学时还专门到古脊椎动物与古人类研究所下辖的古动物馆参观。

朱敏得知我是个古生物爱好者，显得很高兴。他在担任所长期间，一直努力推动古动物馆的发展。他还建议我有机会可以参加古动物馆的一些野外考察活动，“其实挖化石没有那么苦，说不定会解除你们的一些误解”。

我问他：“这类专业常常需要做野外考察，是否对女性不友好？”朱敏却说完全不是这样的，“以前我出国访学，发现在国外，古生物学很受女生的欢迎。这种能挖掘化石，和大自然亲密接触的工作机会多难得呀！”

朱敏觉得野外考察充满了乐趣，现在野外工作条件也越来越好了。但我看过资料，知道在他从业之初，那个20出头的小伙子在云南曲靖的山里一待就是两三个月，走土路，翻山包，寒冬腊月穿着棉大衣趴在地上一寸一寸地摸化石。

辛苦是一定的，但朱敏带着兴趣钻了进去。他向我介绍他的科研成果，指着书架边放着的一幅科普画作，画的是远古鱼类登陆上岸的过程。

“我儿子小时候，班主任问他，爸爸是干什么的，他说是‘搞鱼的’，老师还一直以为我是集市上卖鱼的。”朱敏笑着说。

“冷门”，是古生物学绕不开的一个话题。这些年，除科研外，朱敏也一直致力于古生物学的科普，“我们不能只知道做科研，也有责任做科普，告诉公众我们都进行了哪些研究，拉近古生物学与公众的距离”。

新京报记者：彭镜陶　实习生：王晓晨　编辑：刘倩　校对：张彦君

杜江峰：

顺利保送中科大少年班却经历了最苦时光

路漫漫其修远兮，

吾将上下而求索。

杜江峰险些与大学擦肩而过。

如果没有14岁那年的“自作主张”，他或许会在中考后进入一所上海的中专学校，开启一段完全不一样的人生。

1969年6月，杜江峰生于江苏省无锡市。1983年，初中毕业的他做了一个重要的抉择。彼时，中专是更热门的选择。父母希望他能读中专，然而，在杜江峰心里，一直有一个朴素又纯粹的愿望——上大学。为了能到大学看一看，他没有遵循父母的安排，而是直接修改了自己的升学志愿，顺利考入江苏省天一中学继续完成学业。

活泼向上又不失严谨的老师，创新的天一中学少年班授课模式……在天一中学，杜江峰收获了快乐的高中生活，而且提前拿到了大学的“入场券”。

1985年春，一份手抄的试卷、一场事前不知道目的的考试改变了他的人生走向。那一年，年仅16岁的杜江峰顺利通过了中国科学技术大学（以下简称“中国科大”）少年班招生的笔试和面试，被直接保送至中国科大少年班。

在中国科大近代物理系，从学士、硕士到博士，杜江峰在学术研究的道路上越走越远。

在国际上率先使用动力学解耦技术提升真实噪声环境下固态电子自旋量子相干时间三个数量级，朝实现量子计算等应用迈出重要的一步；首次在室温大气环境下获取单个蛋白质分子的顺磁共振谱及动力学性质，被《科学》杂志评价为“通往活体细胞中单蛋白分子实时成像的重要里程碑”；研制成功国际首台具备单核自旋探测灵敏度的单自旋脉冲磁共振谱仪……

毕业后，杜江峰主要从事量子物理及其应用的实验研究，并在量子物理实验技术和先进仪器装备研制，以及在量子物理应用于精密测量科学和信息科学等领域取得了具有重要国际影响的研究成果。2015 年，杜江峰当选为中国科学院院士。

回忆年少时光，杜江峰从不回避谈论读书的苦，也发自内心地享受全身心投入学术研究的快乐。在他看来，学习、研究的过程就像在完成一种挑战，既是挑战自我，也是挑战这些难题。

讲述

谈求学：14 岁时自己修改中考志愿

新京报：小时候的求学经历是怎样的？

杜江峰：小学时我跳了级，只读了 4 年。我父亲当时是一名小学校长，工作变动比较频繁，因此我小学阶段先后上了 5 所不同的学校，短的只待了两个月，长的也就 1 年。每次换到新的学校，就在教室里给我添张桌子。虽然频繁转学，但我的成绩特别好，尤其是数学，我记得上二年级时我就参加了五年级的数学竞赛。有时候，我没事做就到其他年级的教室听课，在这个过程中也收获了很多新知识。

1983 年，我初中毕业，正值改革开放。那时中专的录取分数比重点中学的录取分数高，我的成绩还可以，所以父母希望我能够报中专，在填志愿时他们替我选了一个上海的中专学校。

当时我只知道上了中专就不能上大学，而我心里有个想法，就是希望能够读大学。那年我 14 岁，遵循自己内心的想法，直接修改了中考志愿，选择报考高中。当年，江苏省天一中学是我所在的片区里唯一能报考的知名中学，我就选了它。

新京报：高中生活是什么样的？它给您带来了哪些影响？

杜江峰：天一中学是一所住宿学校，学校离我的家比较远，这是我第一次离开家独立生活。对我来说，第一次独立生活的经历非常值得怀念，我需要学会生活自理，也要适应集体生活，和同学们一起上早课、晚自习。

当时天一中学办学条件比较成熟，师资力量很好，既有活泼向上的年轻老师，又有教学态度严谨的老教师。其中有些老师是“文革”前的大学生，有些则是改革开放后的第一批大学生。

天一中学很早便成立了少年班，挑选年龄合适、成绩优秀的学生因材施教，并且为中国科大少年班输送了不少人才。1984 年春，天一中学少年班在校内招生。当时我特别贪玩，没有去参加招生的会议，最终没能上少年班。好在 1984 年年底，少年班又再次招生，我在测试中考了第一名，获得了少年班候补队员的身份。

少年班的授课模式很特别，学生不需要待在固定的班级里听课，而是可以跨年级上课，例如，高二的学生可以选听高三的课程。少年班的教学方式也比较创新，和一周几节课的碎片化教学不同，少年班会将一个课程在较短的时间内教授完毕。这有利于加强学生对学科的整体理解，培养学生快速抓住知识要点的能力，是非常好的尝试。

为了能够上大学，杜江峰修改了中考志愿，如愿进入天一中学读书，此为读书时期照片。

谈保送：爬窗赶赴中国科大少年班招生考试

新京报：就读天一中学少年班时，有哪些让您印象深刻的事？

杜江峰：1985 年 3 月，我读高二，老师让我去参加考试。当时我不知道这是中国科大少年班的招生考试，甚至因为我报名太晚，考试时已没有试卷，只能由老师手抄了一份。

我记得这次考试下午两点开始，结果我睡过了头，两点半才出门。当时学校宿舍管理很严格，超过上课时间宿舍大门就锁了，为了参加考试，我只能从宿舍二楼的窗户爬出来，脚踩在宿舍一楼的挡雨棚上，从那儿跳了下去。

那次考试的改卷很有意思，老师当着我们的面批改，然后询问我们解题的思路和想法。考卷里有两道题给我留下了深刻印象。其中一道是填空题，和排列组合有关，老师扣了我6分。我和老师讨论说这道题他扣错了，因为书上就是这么写的。他问了我书上的表述，还让我把自己借的高三教材拿过来，看了教材后他和我解释说教材上的概念不太严谨，但既然书上这么讲，这道题就不算我做错。

还有是最后一道18分的大题，我当时要了两张A3规格的大草稿纸，写下我的计算过程。改卷的老师很疑惑，他觉得题目很简单，问我为什么要写这么多内容。之后他突然反应过来，问我是不是那个迟到的孩子，得到我的肯定回复后他特别高兴。后来我才知道，考试前老师将这道题用到的微积分公式写在了黑板上，后又将它擦去，我因为迟到没能看到，只能自己先推算出公式，最后结论也是正确的，顺利拿到了这18分。

新京报：什么时候得知自己被保送的消息？当时是什么感受？

杜江峰：1985年4月，我得知自己被保送到中国科大。我记得当时作为班长的我正在和班委们开展班会活动。活动结束时，老师说告诉大家一个好消息，杜江峰被中国科大少年班录取了。得知这个消息的那一瞬间，我脑袋发蒙，因为那次考试考完后我就忘了，而且我也不知道自己参加的是保送考试。

那年的5月到9月开学前，我就痛痛快快地玩。那时，班主任还天天盯着我，让我不要影响其他同学。现在回想起来，我的高中生活很幸福，基本上一路玩过来，也没有经历过题海战术和高考。

谈大学：日程规划精确到分钟

新京报：进入大学后为何选择了近代物理系？

杜江峰：1985 年我进入中国科大少年班，后即转入近代物理系学习。近代物理系是我自己选的，当时觉得粒子物理和核物理很“高大上”，也属于比较高深的领域，再加上这是中国科大比较强的院系，所以选择了它。

新京报：您记忆中的大学学习生活是怎样的？

杜江峰：在进入中国科大前，我没有什么压力，失眠是绝对不可能的事，可以说是哼着小曲进的大学。刚入学时心情很激动，但剩下的就是痛苦了。一方面是因为之前 4 个月我玩得有点儿狠，另一方面是我人生中第一次意识到自己水平不行，山外有山，天外有天。我记得 1985 年，有多名省状元进入中国科大，他们学的内容更多，和他们相比差距还是比较大的，我唯一能依靠的就是从小养成的自学能力。

进入大学后第一道坎就是化学必修课。因为我高中化学基本没有上过，只能找人给我寄高中的化学课本，然后再自学。

现在回想起来，大一、大二这段时间是我人生中读书最苦的时候。当时付出了很多，但成绩未必理想。最难的时候，我也想过不读了，想着这辈子再也不学习了。

新京报：面对这样的困境，当时是如何克服的？

杜江峰：当时身边的同学学习很认真，我们有句话叫“不要命的上中国科大”，而且学校的学风非常好，后来我渐渐受到这种氛围的影响，觉得在中国科大读书还是最好的选择。

20 世纪 80 年代的老师们教学很认真，学生也很认真。那个年代可供选择的娱乐不多，大家都比较单纯，学习也很纯粹。

前几天，我搬家的时候翻到当时大学的一本日记本，那时我的日程规划都精确到分钟，比如，早上 5 时 55 分起床，晚上 12 时睡觉。

越往后我越发现，虽然研究、读书很苦，但乐在其中，我是发自内心地享受读书的过程。本质上，学习研究的过程就像在完成一种挑战，既是挑战自我，也是挑战这些难题，做久了会上瘾。

新京报：毕业后有哪些让您印象深刻的研究成果？

杜江峰：20 世纪 90 年代末，量子计算在国际上开始热起来，我应该属于国内最早从事量子计算研究的那一批人。

2002 年发表于美国《物理评论快报》的一项关于量子博弈的实验研究成果让我印象比较深刻。早期的实验很难，当时我们实验室做的是原子核自旋的量子计算，那时全世界做这个实验的可能只有几个组。

《物理评论快报》在物理专业领域中是最好的杂志之一，这项研究也是国内量子计算实验研究工作首次在该国际权威杂志上发表，审稿意见认为该工作“是首次在实验上实现量子博弈”，“该文的工作既新又有意义”。当时我们这个研究发表之后，《自然》杂志、美国物理学会、欧洲物理学会等国外主流的学术媒体都做了报道。

而后，我们在基于自旋的量子计算和精密测量研究领域不断深入和拓宽。2009 年完成的保护自旋量子相干动力学解耦实验、2015 年完成的单分子磁共振实验是比较具有代表性的研究成果，为相关量子科学技术的发展奠定了重要基础，在国际权威期刊《自然》和《科学》上发表之后获得了较高的评价。

记者手记

努力与勤奋仍是他的底色

1985年，考入中国科大少年班，先后于近代物理系获得理学学士、硕士、博士学位，后又留校任教，并在中国科大工作至今，在采访前做功课时，看到杜江峰院士的履历，我最大的感受是他是一个纯粹的科研人。而杜院士保送进入中国科大少年班的这段经历又引起了我极大的兴趣，我想着，他是拥有怎样的天赋和聪慧，才使得他在年少时期便得以踏入中国科大这一高等学府。

4月8日上午，我在电话中第一次听到了杜院士的声音。他讲话时带着一点儿江浙口音，语气十分和蔼，没有什么架子，也很乐于分享自己过去的经历。在谈及因睡过头差点儿错过保送考试、得知保送后把书都扔掉等趣事时，他言语间难掩笑意，但在聊到大学阶段遇到的挫折和困惑时，他也毫不掩饰自己被戳到了痛处。

在采访中，杜江峰回忆了自己的高中时代。他所讲述的高中时光是璀璨而自由的，很符合大家对一名少年班学生的想象。高中时期的他爱睡懒觉，又有点儿贪玩，“只要不听老师上课，干什么都是兴高采烈的”，但这丝毫不影响他对成绩的保持以及对知识的探索。

在采访前，我曾看到一些报道称，杜江峰在参加中国科大保送测试的前一天曾失眠，在采访时我和杜院士核实了这个内容的准确性，他连连否认，说当时的真实情况是他根本不知道自己参加的是中国科大的招生考试，更谈不上失眠。最多是当时在考试前不小心睡过了头，只能从宿舍窗口跳下去参加考试，实属场景生动，又带着点儿戏剧性。

在他看来，高中时期少年班这段独特的经历在他的成长过程中留下了深刻的印记。系统化的教学方法、跨年级上课的教学模式，这些在当时比较新颖的做法，培养了他快速抓住知识要点的能力以及自学能力，这也在他今后的科研工作中起到了很大的作用。

而与初高中时期学习上的一帆风顺相比，杜江峰进入中国科大少年班的学习时光则艰难了许多。身边优秀的同学，学业上巨大的学习压力，曾让年少时的杜江峰倍感气馁，落差巨大。37年后，再次回忆起大学的学习生活，杜江峰常常谈及一个“苦”字，苦于付出难得回报、苦于成绩难以提高。在谈及大学时身边有很多是高考省状元的同学时，他坦言当时自己和同学的差距还是比较大，“你想想都能知道，这个日子是有多难过了”。

好在苦尽甘来，受校园里积极向上的学习氛围的影响，曾想着“这辈子再也不学习”的杜江峰还是咬咬牙坚持了下来。他坦言大学时期的自己并不是被逼着“996”，而是发自内心愿意将精力投入科研之中，并享受研究的过程。为此，当时的他将自己的学习日程安排精确到分钟，希望能抓紧时间完成对自己领域的探索，并在自己领域有所建树。

在中国科大学习、工作三十余载，天赋与聪慧之外，努力与勤奋仍是他的底色。哪怕现如今杜江峰已取得一些成就，他仍旧坚持每天晚上12点多才离开实验室，日程安排依旧紧凑。

科研虽苦，但从他的言语中能真切感受到他乐在其中。在未来，他也期待能够继续探索未知，完成更多优秀的研究成果。

提及对高考学子的寄语，他想告诉这些孩子：“路漫漫其修远兮，吾将上下而求索。”而这也是他一直所坚持的信念。

新京报记者：吴芊芊　编辑：缪晨霞　校对：张彦君